目　录

以下为访谈者与其中一位被访谈者的访谈对话记录。

问=访谈者。

答=被访谈者。

问：你平时经常使用的移动短视频平台是哪一个？

答：抖音。

问：那我们就以抖音这个移动短视频平台来进行下面的问题，根据自己的实际情况来回答就可以，你使用它有多长时间了？

答：我使用抖音有3~4年了吧。

问：3~4年，是不是从它（2016）推出的时候你就开始使用了？

答：可能是的。因为一般读高中的时候平常手机都碰不到，也就不会去使用。

问：基本上从大一开始用的？

答：嗯。

问：好的，那每天大概的使用时间呢？

答：我使用抖音是片段化的，比如说上厕所或者下课间隙看一下，累计起来应该差不多每天两个小时，当然还要看具体课程安排或者说是自己的时间。

问：比较零散，对吧？

答：对，有时候睡前可能也会再看一下。

问：但不会那种特别集中的那个时间段。

答：特别集中的话，可能就在睡前刷半个小时，然后再睡觉。

问：那你最开始是通过什么途径下载的抖音？比如说听朋友推荐的还是看周围都在使用，你就下载了。

答：我是听朋友说的吧，读高中的时候有时候聊天会聊起来某个人物或其他什么，就想了解他，就要去下载抖音看一下他的视频。

问：那你使用抖音的原因是什么？说一下哪些特征或内容对你的吸引力比较大？

答：我最开始可能是想去了解一些新鲜的人、事、物，因为身边的人都在聊吧，我会觉得我自己不知道这些可能会跟他们交流上出现一些障碍。后来就是在空余的时候打发时间，现在抖音已逐渐变成了我了解一些新鲜资讯的一个平台，因为有很多官方账号都入驻抖音了，所以了解一些时讯也可以通过抖音平台。还有就是抖音也可以增加我的社交，因为像我跟我的好朋友们会互相加抖音好友，在看到一些有趣的视频时，我们会互相分享。

问：在这个平台上你周围的朋友很多吗？你们会经常互动吗？

答：平常经常互动的，交流比较多的有 6~7 个，但是现实中认识的朋友在抖音上加了好友的可能有 20 来个。

问：那你会关注他们的动态吗？

答：会，像那种关系比较好的朋友我们一般都是互关，并且平常看到视频会直接分享给对方。

问：就是说别人看到好看的会推送给你，你看到有意思的也会推给你的朋友？

答：对对对。

问：那一般你这种相互关注的朋友都是熟悉的，有陌生的吗？

答：差不多都是熟悉的。

问：有陌生的，从抖音上认识的吗？

答：也会有，比如说我觉得他发的东西很合我的胃口，我就关注了他。然后他可能看到我关注他，他就回关，这种也会有，但还是少数，主要还是同学。同学朋友互相关注比较多。

问：那你使用它，想得到别人的关注吗？

答：一般是分享自己的生活。

问：你觉得抖音给你带来的最大的内心感受是什么？对你的触动有吗？

答：我觉得最大的触动，就是有时候刷抖音看到有些博主可能很普通的一个视频就可以获得几百万个或者几十万个点赞，会有一种自媒体时代流量为王的感觉。还有我朋友会给我分享一些普通人的生活，但有时候会突然爆火。

问：你的朋友有这样的？爆火的？

答：有，我之前有一个朋友拍了一个背书包的视频，那个书包形状特别大，发在抖音上一下子就获得了几十万的点赞。

问：她背个书包就几十万的点赞？

答：嗯，她那个包是特别大的那种。

问：是你的什么同学啊，初中、高中还是大学的？

答：是大学的一个学姐，莫名其妙就火了。

问：她就火了那一个视频吗？还是还有其他的？

答：她只火了那个视频，其他的视频可能也就十来个点赞。

问：她是视频内容还是那个文案火的？

答：应该是视频内容。

问：那她这种的，目的是想获得别人的关注吗？

答：没有，她当时可能是觉得好玩才分享的。

问：好的，那抖音能满足你哪些方面的需求呢？

答：一个是娱乐，还有个是时事新闻。还有我感觉抖音从某种程度上有点替代了百度的搜索功能，比如，我在桂林想去吃火锅，那我就会在抖音上搜桂林火锅，平台就会自动给我推荐很多火锅店出来。

问：哦，还有这个功能哈。

答：因为很多人在发布一个视频的时候，会加上相应的标签。所以有时候想找什么东西我可以直接在抖音上找，比如说现在秋季、冬季比较干燥，我想要补水，也可以去抖音上搜，就会有很多的好物分享出来。

问：那除了这个之外，你觉得在情感上或者与人交流上的这种需求有没有能够得到满足，比如得到别人的关心支持啊这方面。

答：会有吧。

问：那你在跟别人互动的时候是不是会想别人从情感上给你一些回应，比如说你评论了之后，会不会有很多点赞的？

答：好像不多。

问：那你是否喜欢抖音这个平台，觉得它很有趣？

答：喜欢，但有的时候会觉得它很影响自己，浪费时间。像我身边的好多同学会隔一段时间把抖音给卸载了，过几天又下载回来。

问：为什么又下回来？

答：因为可能是控制不住想要刷抖音，但是又觉得一刷就会刷两三个小时，有点浪费时间。

问：你喜不喜欢它的那个氛围？有没有归属感？是不是充满热情？

答：这种氛围还是挺喜欢的，但是我觉得归属感可能少一点，我业余时间也不是只刷抖音，因为有时候刷抖音会有一些比较低俗或者无趣的内容出现。热情还行吧，但是有的时候发布在抖音上的作品感

觉都没有几个赞，就感觉自己没有获得关注，所以在抖音上发布视频的热情可能会比较低，但是去刷抖音视频的热情还是有的。

问：但是你之前说你只是想分享自己的生活。

答：但是在分享生活的同时，是希望自己的生活被别人看到，或者说是希望得到他们的回应吧！

问：那你有发布过是吧？

答：嗯，我之前发过。

问：你发布频率怎样？还是说偶尔发布一两次？

答：一般看心情，可能我心情好的时候隔几天就发一个，不然一两个月都不发一条。而且抖音可以把公开的视频再仅自己可见，可以私密的。

问：那你是公开的多还是私密的多？

答：私密，我现在全部私密的，我之前发的是公开的，后来我觉得没啥意思，就把它全部都私密了。

问：那你现在发的话是公开的还是说基本都私密的？

答：发的时候肯定是公开，过两天觉得自己发的东西好像没什么营养或者没啥意思，我就又把它私密了。

问：如果有很多人点赞的话，你还会私密吗？

答：那可能就不会私密了。

问：给你点赞的人是你周围的朋友还是陌生人，哪些人多一些？

答：周围的朋友吧，而且抖音现在推出了一个功能可以看到你这条视频有哪些人看过。

问：那还是周围的朋友看得多，其他陌生人其实不太关注你发的。所以你也没有那种很高的成就感，是吧？

答：反正就觉得互动性会比较弱。

问：但是我记得之前周围的人会有很多点赞的。

答：同城是吗？我其实最近两个月都没有发抖音。

问：你的一个抖音短视频，最多的点赞大约能有多少人？

答：点赞最多的啊，我之前有一次发了一条抖音，点赞有 500 多。

问：那不少了。

答：那个抖音是我在读高二的时候发的，很早之前。

问：那个时候可能是因为刚推出来。

答：而且那个是我拍的第一条抖音，平台可能给了我一定流量吧。

问：那现在呢？

答：现在一般就两三个赞。

问：那你浏览的要多于发布的是吧？

答：嗯嗯，发布的相对要少很多。

问：针对浏览我再提一下问题，你会主动在抖音上搜索自己感兴趣的视频来观看吗？

答：我会去搜。

问：那你是搜的多还是平台推荐的看得多？

答：推荐多，还是经常直接划下去，有需求我才会去搜。

问：那当你看到自己喜欢的视频时，会有点赞评论，关注或者转发这些行为发生吗？

答：我一般都是点赞，或者转发，评论很少，或者我会在评论区直接艾特我姐妹说你们来看，转发的话就是直接转发到个人。

问：点赞、评论和转发哪种更多一些？

答：转发最多，我觉得对我有用的东西才会点赞。如果我觉得一个视频只是纯好玩，我可能就只是把这个快乐分享给身边的人，我不会去点赞它。

问：你一般转发的时候，是直接分享到抖音的平台呢？还是说我把这个视频下载下来再转发？

答：抖音平台。因为关系比较好的朋友，我们都会直接在抖音上互相关注，就可以直接发视频。

问：你创作的视频主要包含什么样的内容呢？你发布的视频都涉及哪些方面呢？比如说是日常生活呢，还是一些特效、模仿等？

答：我之前分享过日常，应该是去年吧，很流行用 Vlog 形式来记录一天的生活。我以前分享过这种，也分享过那种模仿的。抖音有一个热搜榜，比如说像前段时间那个光剑变装就是话题度很高的那种标签，我有时候会跟风去拍。还有时候会把自己的照片配上抖音的音乐再发布出来。

附 录 4

调查问卷

您好！您参与的是一项关于移动短视频平台用户使用行为的研究，调查对象为在移动短视频平台注册成为成员并参与其中的用户。您的回答是匿名的，问卷的全部结果仅供学术研究专用，我们将恪守科学研究的道德规范，问卷信息绝不做其他用途，敬请放心。请您仔细阅读每一项描述，并根据您的真实情况和想法回答。各题的答案无对错之分，凭第一感觉回答即可。您的回答对本研究而言非常重要，请您将所有问题填完，十分感谢您的协助和对本研究的支持！

一、基本情况

（1）您的性别：　　A. 男　　　B. 女

（2）您的年龄：　　A. 18 岁以下　　　B. 18~30 岁

　　　　　　　　　C. 31~40 岁　　　D. 41~50 岁

　　　　　　　　　E. 51 岁以上

（3）您的学历：　　A. 高中或高中以下　　　B. 大学专科

　　　　　　　　　C. 大学本科　　　　　　D. 硕士研究生

　　　　　　　　　E. 博士研究生

（4）请您选择一个近期使用最频繁的移动短视频平台：

A. 抖音　　　B. 快手　　　C. 哔哩哔哩　　　D. 微信视频号

E. 微博视频号　　　F. 其他　　　G. 从未使用过

（5）您使用该移动短视频平台的年限为：

A. 1 年以下　　B. 1~2 年　　C. 2~3 年　　D. 3 年以上

（6）您每天的使用频率为：

A. 1 次以内　　B. 1~2 次　　C. 3~4 次　　D. 5 次以上

二、请您针对上述提到的最频繁使用的移动短视频平台回答下列问题。请根据您的感受和判断，在每一道题目的 5 个选项中选择一个最符合您实际情况的答案（单选）

（1）移动短视频平台让我了解关于最新时事消息。

A. 很不符合　B. 不符合　C. 一般　D. 符合　E. 很符合

（2）移动短视频平台为我提供了与我兴趣相关的信息和知识。

A. 很不符合　B. 不符合　C. 一般　D. 符合　E. 很符合

（3）移动短视频平台激励我探索新的信息和知识。

A. 很不符合　B. 不符合　C. 一般　D. 符合　E. 很符合

（4）在移动短视频平台上看到别人的内容给了我灵感。

A. 很不符合　B. 不符合　C. 一般　D. 符合　E. 很符合

（5）使用移动短视频平台很有趣。

A. 很不符合　B. 不符合　C. 一般　D. 符合　E. 很符合

（6）使用移动短视频平台让人放松。

A. 很不符合　B. 不符合　C. 一般　D. 符合　E. 很符合

（7）使用移动短视频平台让我感到快乐。

A. 很不符合　B. 不符合　C. 一般　D. 符合　E. 很符合

（8）移动短视频平台让我与其他移动短视频平台用户保持联系。

A. 很不符合　B. 不符合　C. 一般　D. 符合　E. 很符合

（9）移动短视频平台帮助我认识更多有相同兴趣的人。

A. 很不符合　B. 不符合　C. 一般　D. 符合　E. 很符合

（10）移动短视频平台帮助我有效地与其他移动短视频平台用户交流想法。

A. 很不符合　B. 不符合　C. 一般　D. 符合　E. 很符合

（11）其他移动短视频平台用户希望我在移动短视频平台上保持活跃。

A. 很不符合　B. 不符合　C. 一般　D. 符合　E. 很符合

（12）我觉得通过移动短视频平台与他人分享我的兴趣爱好和经历等内容来提高我的形象。

A. 很不符合　B. 不符合　C. 一般　D. 符合　E. 很符合

（13）我觉得我可以通过在移动短视频平台上分享我的兴趣爱好和经历等内容来影响别人。

A. 很不符合　B. 不符合　C. 一般　D. 符合　E. 很符合

（14）我觉得我可以通过在移动短视频平台上自己的兴趣爱好和经历等内容给别人留下好印象。

A. 很不符合　B. 不符合　C. 一般　D. 符合　E. 很符合

（15）通过移动短视频平台分享我的兴趣爱好和经历等内容，帮助我向别人展示我最好的一面。

A. 很不符合　B. 不符合　C. 一般　D. 符合　E. 很符合

（16）周围的人告诉我，我选择使用该移动短视频平台是明智的。

A. 很不符合　B. 不符合　C. 一般　D. 符合　E. 很符合

（17）我感觉我有能力使用这款移动短视频平台去学习有趣的新知识或新技能。

A. 很不符合　B. 不符合　C. 一般　D. 符合　E. 很符合

（18）大多数时候，我能从使用这款移动短视频平台中获得成就感。

A. 很不符合　B. 不符合　C. 一般　D. 符合　E. 很符合

（19）在这个移动短视频平台中，我有不同的活动可供选择（浏览、评论、发布短视频）。

A. 很不符合　B. 不符合　C. 一般　D. 符合　E. 很符合

（20）我可以自由使用这个移动短视频平台。

A. 很不符合　B. 不符合　C. 一般　D. 符合　E. 很符合

（21）我可以自由决定在这个移动短视频平台中做什么。

A. 很不符合　B. 不符合　C. 一般　D. 符合　E. 很符合

（22）我使用这个移动短视频平台是因为我想使用它。

A. 很不符合　B. 不符合　C. 一般　D. 符合　E. 很符合

（23）在使用移动短视频平台的时候，我觉得别人在乎我做什么。

A. 很不符合　B. 不符合　C. 一般　D. 符合　E. 很符合

（24）在使用移动短视频平台的时候，我感到得到了别人的支持。

A. 很不符合　B. 不符合　C. 一般　D. 符合　E. 很符合

（25）在使用移动短视频平台的时候，我觉得自己对别人来说很有价值。

A. 很不符合　B. 不符合　C. 一般　D. 符合　E. 很符合

（26）在使用移动短视频平台的时候，我觉得我得到了别人的理解。

A. 很不符合　B. 不符合　C. 一般　D. 符合　E. 很符合

（27）我非常喜欢这个移动短视频平台。

A. 很不符合　B. 不符合　C. 一般　D. 符合　E. 很符合

（28）我对参与这个移动短视频平台充满热情。

A. 很不符合　B. 不符合　C. 一般　D. 符合　E. 很符合

（29）我非常关注这个移动短视频平台的所有内容。

A. 很不符合　　B. 不符合　　C. 一般　　D. 符合　　E. 很符合

（30）与这个移动短视频平台有关的事情都能引起我的注意。

A. 很不符合　　B. 不符合　　C. 一般　　D. 符合　　E. 很符合

（31）当我与移动短视频平台成员互动频繁时，我更享受这个移动短视频平台的氛围。

A. 很不符合　　B. 不符合　　C. 一般　　D. 符合　　E. 很符合

（32）当我周围的人也加入这个移动短视频平台时，这个移动短视频平台变得更加有趣了。

A. 很不符合　　B. 不符合　　C. 一般　　D. 符合　　E. 很符合

（33）我经常在移动短视频平台上观看热门的短视频及其评论。

A. 很不符合　　B. 不符合　　C. 一般　　D. 符合　　E. 很符合

（34）我主动在移动短视频平台上搜索感兴趣的短视频。

A. 很不符合　　B. 不符合　　C. 一般　　D. 符合　　E. 很符合

（35）我通常能够在这个移动短视频平台上完整地观看一段短视频。

A. 很不符合　　B. 不符合　　C. 一般　　D. 符合　　E. 很符合

（36）我会在移动短视频平台上记录和保存自己的生活经历和想法。

A. 很不符合　　B. 不符合　　C. 一般　　D. 符合　　E. 很符合

（37）我会在移动短视频平台上转发其他人的短视频或评论。

A. 很不符合　　B. 不符合　　C. 一般　　D. 符合　　E. 很符合

（38）我会在移动短视频平台上点赞其他人的短视频或评论。

A. 很不符合　　B. 不符合　　C. 一般　　D. 符合　　E. 很符合

（39）我会在移动短视频平台上以发表评论的方式参与更多的讨论。

A. 很不符合　　B. 不符合　　C. 一般　　D. 符合　　E. 很符合

中国劳动收入份额变化的经济驱动力量

申广军 著

THE ECONOMIC FORCES BEHIND
THE EVOLUTION OF
CHINA'S LABOR SHARE

经济管理出版社
ECONOMY & MANAGEMENT PUBLISHING HOUSE

图书在版编目（CIP）数据

中国劳动收入份额变化的经济驱动力量/申广军著 . —北京：经济管理出版社,2022.12
ISBN 978-7-5096-8880-9

Ⅰ.①中…　Ⅱ.①申…　Ⅲ.①收入分配—研究—中国　Ⅳ.①F124.7

中国版本图书馆 CIP 数据核字（2022）第 248884 号

组稿编辑：魏晨红
责任编辑：杨国强
责任印制：黄章平

出版发行：经济管理出版社
　　　　　（北京市海淀区北蜂窝 8 号中雅大厦 A 座 11 层　100038）
网　　　址：www. E-mp. com. cn
电　　　话：(010) 51915602
印　　　刷：北京市海淀区唐家岭福利印刷厂
经　　　销：新华书店
开　　　本：720mm×1000mm/16
印　　　张：11. 5
字　　　数：194 千字
版　　　次：2023 年 6 月第 1 版　　2023 年 6 月第 1 次印刷
书　　　号：ISBN 978-7-5096-8880-9
定　　　价：68. 00 元

第一章　引言

第一节　劳动收入份额是理解收入分配的关键

改革开放以来，在党中央带领下，我国社会主义现代化建设"三步走"战略目标中的前两步——"解决人民温饱问题"和"人民生活总体达到小康水平"提前实现，正向"全体人民共同富裕"迈进。通过进一步完善国民收入分配体系促进全体人民走向共同富裕，是全面推进社会主义现代化国家建设的必然要求，想要推进实现全体人民共同富裕，则必须与当前我国新发展阶段的历史背景紧密相连，与贯彻新发展理念的原则、构建新发展格局的路径协同一致，形成更加完善的收入分配体系。

收入分配格局的最终实现，需经历初次分配、再分配和第三次分配三个环节。初次分配是指国民收入在劳动、资本、土地、知识、技术、管理和数据等生产要素之间的分配，如劳动所有者因提供劳动服务而获得劳动报酬（包括工资及工资性收入和社会保险付款），土地所有者因出租土地而获得地租，资本所有者因提供不同形态的资本而获得利息、租金或红利等财产性收入。再分配是政府在初次分配结果的基础上，通过税收、社会保障、转移支付等现金或实物转移的方式，在各收入主体之间对生产要素收入进行再次调节的过程。第三次分配是在道德力量的推动下，通过自愿捐赠等公益慈善事业进行的分配。

虽然再分配有助于收入分配的改善，第三次分配也能促使资源和财富在不同社会群体间趋向均衡，但初次分配作为再分配的基础，仍在很大程度上影响着收入分配的最终格局（李稻葵等，2009；李实等，2013；许志伟等，2013；蔡萌、岳希明，2018）。在参与初次分配的诸要素中，劳动和资本无疑是最重要的两种。以 2017 年资金流量表为例，初次分配总收入中劳动者报酬占 51.7%，资本所得占 35.2%，而地租和其他要素收入分别仅占 0.95% 和 0.67%（其余为政府所得的生产税净额）。因此，研究国民收入的初次分配，应重点关注劳动和资本这两种生产要素。其中，劳动收入份额，即国民收入中劳动者报酬所占比重，是收入分配最终格局的基础，也是理解收入分配的关键。

为理解这一点，可以参考 2002~2016 年我国劳动收入份额和基尼系数的变化趋势（见图 1-1）。这一时期，以金融危机为分界点，两个指标都走出了相反趋势。比如，金融危机之前，劳动收入份额不断下降，从 2002 年的 0.57 下降到 2007 年的 0.46，降幅达到 11 个百分点；与此同时，基尼系数从 2002 年的 0.45 攀升到 2007 年的 0.48。金融危机之后，劳动收入份额转而提高，2016 年回到 0.55，而基尼系数不断下降，2016 年略高于 0.46。从这两个时期的变动趋势看，初次分配中劳动收入份额在很大程度上决定了最终收入分配格局中基尼系数的变化。

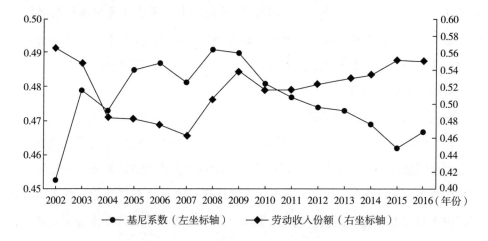

图 1-1　2002~2016 年劳动收入份额和基尼系数

资料来源：劳动收入份额根据历年《中国统计年鉴》《中国国内生产总值核算历史资料（1952—1995）》《中国国内生产总值核算历史资料（1952—2004）》测算，测算方法为将各地区生产总值收入法构成项目的数据，加总为全国层面，加总计算时包括西藏的数据。由于 2008 年和 2013 年劳动收入份额数据缺失，分别用两个相邻年份的劳动收入份额的均值填补缺失值。基尼系数数据来自国家统计局。

第二节　本书的结构安排

本书研究的是我国劳动收入份额变化背后的经济驱动力量。本书汇集了笔者与合作者近年来在劳动收入份额方面的研究成果，从市场结构、技术进步、金融发展、财税政策、不确定性、经济周期等多个维度研究导致我国劳动收入份额变化的因素。

本书结构安排如下：第一章为引言，介绍本书的基本情况。第二章和第三章分别介绍本书研究的文献基础和数据基础。其中，第二章回顾了近年来国内学者对我国劳动收入份额的相关研究。我们首先整理了劳动收入份额变动的四个基本事实，其次从结构性因素、技术进步偏向性、经济全球化和制度性因素四个方面总结了 20 世纪 90 年代至金融危机期间我国劳动收入份额下降的原因。第三章介绍了本书实证分析使用的数据和劳动收入份额的计算方法，并进行了初步的描述分析。分析结果显示，工业部门劳动收入份额的变动趋势与整体劳动收入份额的变动趋势一致，但这一变化主要是由行业内变化导致的，这意味着在宏观层面或者行业层面进行研究，无法触及劳动收入份额下降的根本，需要进一步深入行业内部，利用微观企业数据进行研究。

第四章至第九章是本书的主体部分，从六个方面讨论我国初次分配中劳动收入份额变化的驱动力量。第四章扩展了 Kalecki（1954）的理论模型，提出企业市场力量降低劳动收入份额的假设，因为企业通过市场力量获取的收益中，工人的收入份额只占一小部分。第四章使用 1998~2007 年的工业企业数据库，计算了中国工业企业的劳动收入份额和加成系数，并以此为基础研究市场力量对劳动收入份额的影响。研究发现，市场力量越强的企业，劳动收入份额越低，并且这一结论对于不同的变量、样本和模型设定都十分稳健。1988~2007 年，逐步增强的市场力量可以解释劳动收入份额下降的 10%；对于连续存在的企业，解释力度为 30%。市场力量对劳动收入份额的影响在不同所有制企业、出口和内销企业、轻工业和重工业及不同地区之间也存在异质性。

第五章研究信息技术如何影响企业初次分配中劳动和资本两种要素的收入份额。该章使用中国工业企业数据库 2004~2007 年的微观数据,分析企业使用信息技术对要素收入分配格局的影响。研究发现,使用信息技术的企业的劳动收入份额更高,并且这一结论对于不同的变量、样本和模型设定都十分稳健。信息技术的分配效应也存在异质性,在内资企业、内销企业、东部地区的企业表现更加明显。对影响机制的讨论表明,使用信息技术在提高企业增加值的同时,更大幅度地提高了平均劳动报酬,从而导致初次分配更加偏向劳动。

第六章通过构建模型表明,企业策略性的债务融资可以提升企业在劳资谈判中的议价能力,进而压低劳动收入份额,但不利于改善收入分配格局。高杠杆是当前我国经济面临的主要挑战。现有研究聚焦于过度负债对经济增长与稳定的影响,但忽略了负债对收入分配的影响。基于工业企业数据库的实证分析发现,1998~2008 年不断攀升的企业负债显著降低了劳动收入份额。与理论预测一致,企业负债和劳动收入份额的关系因企业所有制性质、劳动密集度、工会力量和债务类型的不同而有所变动。

第七章以结构性减税对劳动收入份额的影响为例,评估增值税转型如何影响收入分配。该章利用 2004 年增值税转型在东北地区八大行业试点的外生冲击,构建工具变量识别了企业减税对劳动收入份额的因果效应,发现减税能够提高劳动收入份额。异质性分析结果显示,减税对劳动收入份额的影响在不同类型企业间存在差异,说明有针对性的结构性减税更有利于优化初次分配格局。本书有助于在理论上理解增值税转型的分配效应,在实践中为结构性减税政策提供数据支撑。

第八章分析中国工业部门劳动收入份额下降的原因,主要关注企业风险的影响。通过扩展 Holmström 和 Milgrom(1987)的经典模型说明,企业风险降低将使劳动者努力程度提高,产出和工资得以增长,但产出增长更快,因而劳动收入份额下降。实证研究支持上述分析,企业风险与劳动收入份额正相关,并且这一结果在使用替代性的风险指标和不同的模型设定时都表现稳健。对影响机制的考察发现,当企业风险降低时,人均产出比工资增长更快,且工资结构中的固定工资份额下降,这与理论分析的预测一致。

第九章考察劳动收入份额的逆周期性及其原因。劳动收入份额的逆周期性是世界各国普遍存在的现象，对于中国也是如此。在 21 世纪初的我国经济高速增长期，劳动收入份额一路下降，然而自 2012 年我国经济增速进入下行通道以来，由资金流量表计算的劳动收入份额由降转升。逆周期性是对我国劳动收入份额研究从"下行趋势"到"'U'形趋势"更为本质的讨论。该章将周期性不相同的高水平劳动力和低水平劳动力进行区分，以农民工作为低水平劳动力的代表，引入劳动结构和每期调整高水平劳动力雇佣需支付的调整成本后，建立真实经济周期（Real Business Cycle）模型，并用我国宏观数据对模型进行校准和仿真，结果较好地吻合了我国劳动收入份额逆周期的现实。

第十章总结全书的研究内容，并展望未来劳动收入份额方面新的研究方向。

本书是笔者与众多师友合作研究的结晶，他们包括（以姓氏拼音为序）：董丰（清华大学）、吉润东（国家外汇管理局）、贾坤（国务院发展研究中心）、焦阳（复旦大学）、刘超（中国工商银行）、刘亚琳（中央财经大学）、茅锐（浙江大学）、谭韦珊（中山大学）、王荣（中华人民共和国商务部）、姚洋（北京大学）、张延（中国光大银行）、周广肃（中国人民大学）。本书相关论文发表于《经济学》（季刊）、《经济研究》、《经济科学》、《南开经济研究》、《经济理论与经济管理》等期刊，在此再次感谢编辑部和审稿人的建设性意见。

第二章 我国劳动收入份额的研究现状

第一节 引 言

党的十九大报告中明确指出："中国特色社会主义进入新时代，我国社会主要矛盾已经转化为人民日益增长的美好生活需要和不平衡不充分的发展之间的矛盾。"这一矛盾的主要方面是从"落后的社会生产"到"不平衡不充分的发展"的转变，说明经过新中国成立 70 年，特别是改革开放 40 多年的发展，我国的社会生产能力已经取得了巨大发展，但发展是"不平衡不充分的"。其中，发展的不平衡在经济领域主要有两方面的表现：宏观上表现为社会生产关系中区域间财富占有和收入分配的差距；微观上表现为人与人之间财富占有和收入分配的差距（李慎明，2018）。可见，收入分配差距较大仍然是我国经济社会发展中面临的突出问题，严重制约了我国经济平衡增长和社会稳定[①]。党的十九届四中全会首次把收入分配制度列入社会主义基本经济制度的范畴，显示出当前我国收入分配问题的基础重要性和极端紧迫性。

初次分配作为再分配的基础，仍在很大程度上影响着收入分配的最终格局（Benjamin et al. , 2008；李稻葵等，2009；龚刚、杨光，2010）。

---

① 改革开放以来，随着我国居民收入水平的不断提高，收入分配格局却呈现不断恶化的趋势：基尼系数在改革开放之初低于 0.3（收入分配较为平均的阶段）；2000 年突破国际警戒线 0.4，中国步入收入差距较大国家行列；2008 年达到历史最高点 0.491，居民收入差距呈现持续扩大的趋势。近几年，我国基尼系数小幅下降至 2016 年的 0.465。部分学者对我国收入不平等程度的估计结果还要更高。例如，西南财经大学中国家庭金融调研中心统计报告显示，2010 年我国家庭的基尼系数已经超过 0.6，步入收入差距悬殊的国家行列。

因此，研究国民收入的初次分配，应重点关注劳动和资本这两种生产要素。其中，劳动收入份额（或者简单认为其反面即资本收入份额）是表征国民收入如何在劳动和资本之间分配的核心指标，其定义非常简单：

$$劳动收入份额 = \frac{W}{Y} \times 100\% = \frac{wL}{Y} \times 100\%$$

其中，W 为劳动者报酬总额，它等于人均工资 w 和劳动者数量 L 之积，Y 为国民收入或国民生产总值。因此，劳动收入份额是国民收入中劳动者报酬所占比例。

劳动收入份额指标很早就进入了经济学家的视野，但并未引起足够的重视[①]。这有理论上的原因。新古典经济学的生产理论惯常使用 Cobb-Douglas 生产函数 $Y = AK^\alpha L^\beta$，即资本投入 K 与劳动投出 L 共同生产 Y，其中，α 和 β 为两种生产要素的产出弹性。新古典经济学的分配理论认为，生产要素的价格等于其边际产出，因此劳动者报酬为 $\beta AK^\alpha L^{\beta-1} \times L = \beta Y$，可知劳动收入份额等于常数 β。著名的"卡尔多事实"强化了劳动收入份额不变的信念。卡尔多（Kaldor，1955、1957）在一系列研究中讨论经济增长稳态的特征，并最终将其总结为六条典型特征，即"卡尔多事实"，其中包括对收入分配的论述：各种生产要素的收入在国民收入中所占的分配份额大体上稳定不变（Kaldor，1961）。西方发达经济体在第二次世界大战后也基本上遵循这一规律，比如美国的劳动收入份额一直在 2/3 左右波动，西欧国家稍高，但没有明显的上升或下降的趋势（Blanchard，1997；Harrison，2005）。这使"卡尔多事实"成为建立宏观模型的基本要求，深刻地影响着关于生产函数、不平等、宏观经济动态等领域的研究（Giovannoni，2014），而劳动收入份额似乎也成为无关紧要的问题。

但 20 世纪 80 年代以来，西欧国家的劳动收入份额开始下降；最晚到 90 年代初期，美国的劳动收入份额也开始下降（Harrison，2005；Karabarbounis and Neiman，2014）。因此，2000 年以来劳动收入份额成为国外经济学研究的热点。

---

① 古典经济学派和马克思主义经济学都十分注重国民收入在生产要素之间的分配问题，但研究思路与新古典经济学相去甚远，一般认为某种生产要素（通常是劳动）的价格是"外生"给定的，其他生产要素获得剩余（Pivetti，1987；Gordon，1987）。凯恩斯在《就业、利息与货币通论》中研究了工资、就业、国民收入等问题，但并未进一步分析劳动收入份额（Giovannoni，2014）。"二战"之后的新古典经济学在分析收入分配问题时，更关注最终分配的不平等，而较少研究初次分配中的问题（龚刚和杨光，2010）。

国内对劳动收入份额的研究随之跟进,因为研究者发现我国劳动收入份额也在不断下降。并且由于两方面的原因,这一问题对我国更为重要。一方面,我国居民的财产性收入占比很低,对劳动收入的依赖更加严重。比如,宁光杰等(2016)发现,我国居民财产性收入仅占可支配收入的3.1%,而西方国家的这一比例已达到20%以上。另一方面,跨国比较显示我国劳动收入份额较低(李稻葵等,2009;罗长远、张军,2009a),尤其是与发达国家相比。但直到白重恩等(2008)、白重恩和钱震杰(2009a)、罗长远和张军(2009a,2009b)、李稻葵等(2009)一些有影响力的研究发表,劳动收入份额这一研究主题才真正引起国内学术界的重视。各年发表的与劳动收入份额相关的文章如图2-1所示,可见2009~2010年是其成为研究热点的起始年份。最近十年每年以"劳动收入份额"为关键词的文章有50篇左右;加上其他相关的关键词,该主题平均每年发表论文大约70篇,显示出持久的研究活力。

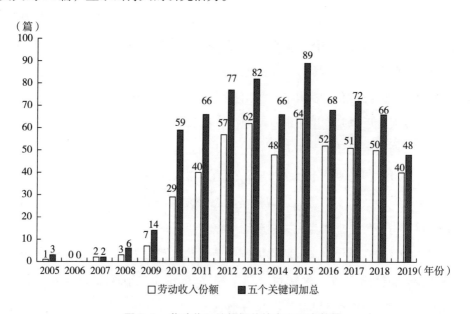

图 2-1　劳动收入份额相关的中文研究数量

注:根据中国知网文献分析工具整理。空白柱统计的是以"劳动收入份额"为关键词的文献;灰色柱体统计的是以"劳动收入份额""劳动收入占比""资本收入份额""资本收入占比"或"要素分配份额"为关键词的文献。以"劳动收入份额"为关键词显然是一个过窄的范围,因为一些学者喜欢使用"劳动收入占比"等术语,而另一些研究是从资本角度分析这一问题;使用五个关键词可能范围过大,因为一些研究包含不止一个上述关键词。所以,图中两个指标可以认为是劳动收入份额相关发表数量的下限和上限。

已有文章对劳动收入份额的相关研究进行了综述，比如罗长远（2008）回顾了国外关于劳动收入份额的研究进展，周明海等（2010b）对国内早期研究进行了总结和评述。但出于三个方面的原因，有必要再次对现有研究进行总结、评述，并展望潜在的研究方向。首先，在上述综述性文章发表以来，关于劳动收入份额的研究又持续了十余年，发表数量激增，并取得了许多新的进展。其次，金融危机之后我国劳动收入份额出现了新的变化，原有的下降趋势得以逆转，这种变化不仅能反向检验对劳动收入份额下降的解释，而且呼唤新的研究持续跟进。最后，更为重要的是，劳动收入份额问题越来越引起公众和决策者的重视。比如，党的十九届四中全会通过的会议决定提出，要"着重保护劳动所得，增加劳动者特别是一线劳动者劳动报酬，提高劳动报酬在初次分配中的比重"。2020 年 4 月 9 日出台的《中共中央国务院关于构建更加完善的要素市场化配置体制机制的意见》，再次重申了上述要求，凸显出国家对收入分配，尤其对初次分配中劳动报酬问题的重视。

　　本章按以下思路展开：首先，介绍文献中常用测算劳动收入份额的数据和方法，并重点分析我国劳动收入份额在 2010 年前的趋势和特征事实；其次，总结文献中探究影响我国劳动收入份额变化的因素，主要解释劳动收入份额的下降趋势；再次，针对近年来我国劳动收入份额的新变化展开讨论；最后，总结并展望劳动收入份额研究的前景和方向。

第二节　劳动收入份额的测算

一、数据

　　在用数据测算劳动收入份额时，统计口径与核算方法的不同可能会导致其变化趋势的差异。根据统计口径的不同，文献中使用的数据大致分为三类。

　　第一类是针对总体劳动收入份额的测算，可以使用的数据包括历年《中国统计年鉴》中的资金流量表和国家统计局公布的投入产出表，但由于后者数据非连续，所以文献中多使用资金流量表计算总体劳动收入份额。需要注意的是，由于资金流量表中使用居民人均可支配收入增长率推算劳动者报酬，所以会高估劳动收入份额（白重恩、钱震杰，2009b）。

第二类是关于省级劳动收入份额的测算，文献中使用的数据有《中国国内生产总值核算历史资料（1952—2004）》以及历年《中国统计年鉴》中的地区生产总值，涵盖三大产业的相关数据。但这一核算资料的问题在于其统计口径在2004年发生了变化。2004年作为经济普查年份，其中的个体业主收入被作为营业盈余而非劳动者报酬处理，而且国有和集体农场的营业盈余统一为劳动报酬。需要对2004年前后数据核算的口径进行统一，具体方法可以参考白重恩和钱震杰（2009a）以及李琦（2012）的研究。

第三类是企业层面劳动收入份额的测算，文献中使用的数据来源主要是中国工业企业数据库。但2008年后这类数据的质量较差，缺少增加值、工资、福利等计算劳动收入份额的必需指标，所以一般用来衡量制造业劳动收入份额的时间段仅限1998~2008年。此外，利用上市企业公布的年报也可以测算企业层面的劳动收入份额，如施新政等（2019）的研究，但这类数据的问题是其只针对我国沪深两市的上市公司，代表性较差。

二、测算方法

文献中对劳动收入份额的准确测算，目前并未形成统一标准（见表2-1）。根据劳动收入份额的定义，在计算时需要分别测算劳动者报酬与国民收入（或经济增加值）。针对劳动收入份额的分子部分——劳动者报酬的测算，难点和分歧在于如何处理私人非法人企业营业盈余（OSPUE），即区别自雇收入与雇员收入。对于这一问题，文献中采用多种方法解决。其中，Gollin（2002）总结了三种处理OSPUE的方法：第一，将全部自雇收入算作劳动者收入。这样会造成在一定程度上高估劳动收入份额的问题，毕竟即使在我国这样的劳动力大国，自我雇佣的劳动也存在大量的资本投入。第二，不考虑自雇经济，单独计算雇员经济的劳动收入份额作为总体劳动收入份额。这样的假设前提是认为不同经济组织形式下的劳动收入份额基本相等（李琦，2012），或者认为雇员经济部门的劳动收入份额才是衡量收入分配格局的有效指标（张车伟、赵文，2015）。第三，假设自雇经济与雇员经济中的平均劳动报酬相等，从而利用就业数据得到总体劳动收入份额。这样测算的问题在于忽略了自雇经济与雇员经济之间存在的系统性差异，但也不失为一种可行的修正 OSPUE 的方法。此外，王晓霞和白重恩（2014）对文献使用到的自营收入中劳动收入的计量方法进行了汇总，除上述三种方法外，还包括多数文献采用的不将自营收入记作劳动收入的简单处理，以及按资产修正（Kravis，1959）、按劳动力修正（Krueger，1999）和按个人特征推算法（Young，1995）等。

表 2-1 劳动收入份额测算的文献

文章	数据来源	时间	研究对象	方法	问题修正
吕光明（2011）	城乡住户调查数据、资金流量表	1993～2008 年	总体劳动收入份额	生产价格法、基本要素价格法	OSPUE 测算的修正
吕冰洋和郭庆旺（2012）	资金流量表、《中国统计年鉴》、《中国税务年鉴》、《中国财政年鉴》和《中国劳动统计年鉴》	全国：1978～2008 年；各省：1996～2010 年	总体劳动收入份额；省级劳动收入份额	省级收入法	区分税前和税后要素分配
李琦（2012）	《GDP1952～2004》《中国统计年鉴》《中国经济普查年鉴 2004》《中国经济普查年鉴 2008》	1993～2007 年	总体劳动收入份额	省级收入法	混合收入分劈
钱震杰和朱晓东（2013）	工业统计数据库（IND-STAT）、中国工业企业数据库	1998～2007 年	制造业劳动收入份额	生产法、收入法	要素成本法、生产者价格法，考虑保险等
周明海（2014）	《中国国内生产总值核算历史资料（1952—1995）》、《中国国内生产总值核算历史资料（1996—2002）》、《中国国内生产总值核算历史资料（1952—2004）》、2005～2008 年《中国统计年鉴》	1978～2007 年	总体劳动收入份额	省级收入法	区分实际和名义劳动收入份额

续表

文章	数据来源	时间	研究对象	方法	问题修正
张车伟和赵文(2015)	《中国统计年鉴》《中国税务年鉴》《中国农村统计年鉴》《中国资金流量表历史资料（1992—2004）》等	1978~2011年	雇员经济总体劳动收入份额	收入法	区分雇员经济与自雇经济

注：表2-1仅列举了涉及劳动收入份额测算的部分近期文献。

　　而对于劳动收入份额的分母部分——经济增加值，也存在多种测算方式。根据增加值核算方法的不同，可以分为生产法和收入法；根据是否剔除生产税净额，又可分为要素成本法和生产者价格法。其中，生产法增加值的核算过程是，生产法增加值=总产值-工业中间投入+应付增值税①；收入法测算的增加值则由四部分组成，分别是劳动者报酬、生产税净额、固定资产折旧和营业盈余②。由于在收入法的测算中直接包含劳动者报酬部分，所以文献中一般使用收入法测算劳动收入份额。用生产法和收入法测算的劳动收入份额的大小关系是不确定的，取决于所使用的数据（钱震杰、朱晓东，2013）。此外，对于增加值测算价格的选择也存在使用基本要素价格还是生产者价格的分歧，区别在于前者不包含生产税净额。虽然在国内文献中对生产者价格法的运用更多，但从要素收入分配的角度看，劳动收入份额的测算中不应该包含生产税，即使用要素成本法（收入法）测算劳动收入份额会更准确（吕光明，2011）。

---

　　① 其中，工业中间投入=直接材料消耗+制造费用+营业费用+管理费用+财务费用-劳动者报酬-管理费用中的税金-其他上缴国家和地方的各种规费-本年折旧-利息支出×0.006-管理费用中的上交管理费+直接人工。

　　② 其中，劳动者报酬=直接人工+劳务费+应付工资+从业人员应付福利费+劳动、待业、养老、医疗等社会保险费+工会经费+住房公积金和住房补贴+其他属于劳动者报酬的部分；生产税净额=主营业务税金及附加+应交增值税+管理费用中的税金+其他上缴国家和地方的各种规费；营业盈余=营业利润+利息支出×0.06+管理费用中的上交管理费+资产减值损失-公允价值变动收益（如果执行2006年会计准则还需再减掉投资收益）。

第三节 典型事实

受限于数据可得性，文献中对于我国劳动收入份额变化趋势的测算和讨论主要集中在20世纪90年代至2008年金融危机前后。由于使用的数据质量和测算口径、方法的差异，各文献对我国劳动收入份额的测算结果有所出入，但基本不会改变劳动收入份额的总体变化趋势（见图2-2）。本章更加关注劳动收入份额随时间的变化趋势，对劳动收入份额的绝对值不进行过多讨论，所以各文献中测算结果的具体差异不会影响本章的基本结论。

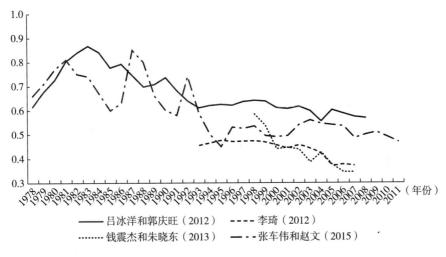

图2-2 1978~2011年我国劳动收入份额变化趋势比较

注：笔者根据相关文献提供的数据整理得到。其中，吕冰洋和郭庆旺（2012）使用税前要素收入分配方法；李琦（2012）使用的是其按照农户和个体业主混合收入中的2/3属于劳动收入的结果；钱震杰和朱晓东（2013）则是制造业的收入法劳动收入份额；而使用张车伟和赵文（2015）中的数据刻画的是雇员经济部门的劳动收入份额（不包括生产税净额）。

一、在金融危机前的一段时间内，我国劳动收入份额总体处于下降趋势

皮凯蒂（2014）指出，要素份额在长期基本保持不变，这也与发达国家

"二战"之后的实际情况相吻合。20世纪90年代，西方学术界突然发现，发达国家的劳动收入份额从20世纪80年代开始下降（皮凯蒂，2014）。而且，这一现象也相继在发展中国家出现（Karabarbounis and Neiman，2014）。如图2-2所示，我国的劳动收入份额自20世纪90年代中期以来不断下降也已成为学术界的共识（李稻葵等，2009；白重恩、钱震杰，2009a）。Karabarbounis 和 Neiman（2014）测算了自1975年以来全球59个国家劳动收入份额的（每10年）平均增长率，发现包括中国、美国、日本等在内的46个国家的劳动收入份额处于下降趋势，8个最大的经济体中只有英国的劳动收入份额存在小幅上涨。由此可见，劳动收入份额在金融危机之前的下降趋势不仅存在于我国，其已经成为一种全球现象，如图2-3所示。

二、我国总体劳动收入份额低于世界平均水平

文献中对近年来我国劳动收入份额的测算结果集中在0.4~0.6（见图2-2）；而 Gollin（2002）测算的世界平均劳动收入份额的范围在0.6~0.7，即我国劳动收入份额明显低于世界平均水平（见图2-3）。吕光明（2011）利用多国数据进行测算的结果也显示，我国劳动收入份额比发达国家的平均水平低10个百分点，比其他发展中国家的平均劳动收入份额低5个百分点。这与陈宇峰等（2013）利用跨国数据进行横向比较时发现的结论一致，即劳动收入份额与经济发展水平之间存在"U"形关系。Karabarbounis 和 Neiman（2014）对1975~2012年公司部门的劳动收入份额进行测算，发现美国、日本和德国的劳动收入份额变化在0.6~0.65；而我国劳动收入份额在0.35~0.45波动。此外，李琦（2012）认为，我国劳动收入份额远低于世界平均水平的原因在于我国个体经济发展的滞后，导致拥有较高劳动收入份额的自雇者收入规模较小。虽然我国劳动收入份额整体上低于发达国家甚至世界平均水平，但不同部门之间存在差异。比如，肖红叶和郝枫（2009）发现，我国非农业部门劳动收入份额低于美国，而农业部门没有显著差异。钱震杰和朱晓东（2013）进一步比较了工业统计数据库的样本国家，利用跨国劳动收入份额的回归分析发现，没有证据表明我国工业部门劳动收入份额系统地低于其他国家。

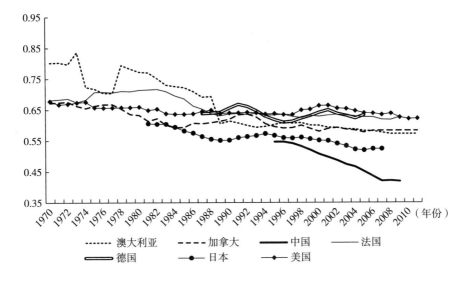

图 2-3　各国劳动收入份额变动（1970~2010 年）

注：笔者根据 Feenstra 等（2014）提供的数据整理得到，其中的劳动收入份额所用指标为劳动报酬占 GDP 的份额（现价）。

三、在我国的各产业中，农业的劳动收入份额最高且总体呈下降趋势，工业劳动收入份额也已经处于倒"U"形变化的下降阶段，而服务业劳动收入份额超过工业劳动收入份额且逐年上升

在我国的三次产业中，农业因其劳动密集的特征而有着最高的劳动收入份额，建筑业其次，而工业部门的劳动收入份额最低（见图 2-4）。白重恩和钱震杰（2009a）认为，我国农业部门的劳动收入份额之所以如此高，是因为在对农业收入进行核算时把难以区分的劳动报酬与营业盈余均划归为劳动者报酬。他们使用产出弹性估计值调整农业要素收入份额，发现调整后的农业劳动收入份额大大降低，大致取值范围在 0.4~0.7。而对于工业劳动收入份额，白重恩和钱震杰（2009a）发现其对于总体劳动收入份额的变动影响较大，而且在产业结构转型的过程中，工业的劳动收入份额大小会对总体劳动收入份额的变动产生影响（罗长远、张军，2009a）。此外，需要特别注意的是，近年来服务业的劳动收入份额不断提高，呈现出与其他产业劳动收入份额相反的变化趋势。而且，随着经济结构

转型，服务业增加值在 GDP 中的占比不断提高，服务业劳动收入份额的上升趋势将对总体劳动收入份额产生更大的影响（刘亚琳等，2018）。

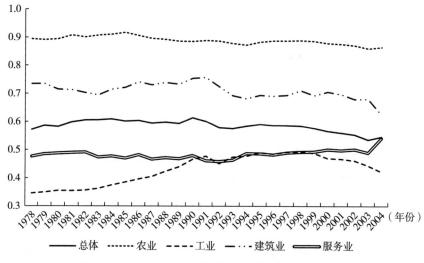

图 2-4　1978~2004 年我国各产业劳动收入份额变动

注：笔者根据 Bai 等（2010）的数据整理得到。

四、省级统计显示，东部省份的劳动收入份额普遍低于西部省份，但该差异在逐年收敛

周明海（2014）对 1978~2007 年我国各省的名义和实际劳动收入份额进行了测算，30 个省份中只有北京、上海和辽宁的名义劳动收入份额呈现上升趋势；在考虑价格因素的影响后，除了北京，其他省份的实际劳动收入份额均在不断下降。罗长远和张军（2009a）发现，我国东部地区省份的劳动收入份额普遍低于中西部地区，但在 1993~2004 年，这种地区间差异正在逐步收敛。他们认为，东部、西部劳动收入份额的差异，一方面是由地区间产业结构的差异造成的，另一方面与各地区产业内部生产的资本劳动比等特点有关。他们同样发现，沿海省份虽然劳动报酬比较高，但其劳动收入份额相对内陆省份的却比较低；此外，2003 年后总体劳动收入份额的下降在很大程度上是由于我国西部地区劳动收入份额的降低。

第四节　劳动收入份额变动的原因

自 20 世纪 80 年代开始到 2008 年金融危机前，劳动收入份额在全球范围内出现下降趋势，说明有着共同的力量驱使，如技术进步、全球化，或者由上述提到的测量误差所导致（IMF，2017；Bai et al.，2010）。但也有不同的力量推动，如各国家内部的制度政策。即便是同一种影响因素，对发达国家和新兴经济体也存在着异质性影响。美国和一些发达国家的研究认为，技术进步解释了约一半的劳动收入份额下降；对发展中国家而言，全球一体化，特别是全球价值链（Global Value Chain）才是主要的影响力量（IMF，2017）。并且，西方学者归纳出来的一般性因素不能完全解释我国劳动收入份额下降的现象。鉴于我国的特殊国情，劳动收入份额下降的原因不仅源于特殊的政治社会制度，还源于我国明显的二元经济等结构性特点。我们首先考虑结构性因素在我国劳动收入份额下降中发挥的作用；其次从三种主要的非结构性因素（有偏技术进步、商品与资本全球化和制度性因素）详细阐述对我国劳动收入份额下降原因的研究进展。

一、结构性因素

按照 Solow（1958）的方法，总体劳动收入份额的变动可以分解为产业内的变动与产业间的变动：

$$\Delta \frac{w}{v} = \Delta\left(\sum_i \frac{w_i}{v_i} \times \frac{v_i}{v}\right) = \sum_i \left(\Delta \frac{w_i}{v_i}\right) \times \frac{v_i'}{v'} + \sum_i \frac{w_i}{v_i} \times \left(\Delta \frac{v_i}{v}\right)$$

其中，i 代表不同产业，$w = \sum_i w_i$ 是总的劳动报酬，$v = \sum_i v_i$ 是总增加值。$\Delta \frac{w_i}{v_i} = \frac{w_i'}{v_i'} - \frac{w_i}{v_i}$ 是各产业内部的劳动收入份额变动，用来衡量产业内变化；$\Delta \frac{v_i}{v} = \frac{v_i'}{v'} - \frac{v_i}{v}$ 是各产业增加值在总增加值中占比的变动，用来衡量产业结构变化。

对发达国家的研究表明（Karabarbounis and Neiman，2014），超过 90% 的劳

动收入份额的变动发生在产业内部，但国内早期研究更强调产业结构转型的影响。由于农业部门的劳动收入份额高于工业部门，随着经济发展，农业比重下降而工业比重上升，必然导致总体劳动收入份额下降。白重恩和钱震杰（2009a）认为，产业结构变化的影响是导致我国劳动收入份额下降的主要因素：在剔除了2004年统计核算方法的影响后，1995~2003年结构转型使总体劳动收入份额下降3.36%，而各产业内劳动收入份额降低的贡献度为2.12%。罗长远和张军（2009a）的产业分解也认为劳动收入占比下降的主要原因是产业间效应，解释力高达64%。胡秋阳（2016）对上述研究提出了质疑：作者基于最终需求结构效应、价值链结构效应和产业内部效应的三因素模型得到的定量结果表明，产业内部效应对1997~2007年我国总体劳动收入份额下降的贡献度高达70.2%，而产业结构效应仅为29.8%。胡秋阳（2016）认为，出现差异的原因是早期研究使用的收入法中，国民生产总值发生过重大的统计方法变动，据其计算可能高估产业结构效应的贡献，而作者使用的投入产出表数据在统计方法上有较好的一致性，因此结论更加可靠。

虽然对于经济整体，结构效应在劳动收入份额下降中扮演着重要角色，但就工业内部而言，劳动收入份额的变化更多地由行业内而非行业间效应主导。按照Solow（1958）、罗长远和张军（2009a）的方法，我们分解了工业企业数据库样本企业1998~2008年的劳动收入份额变化，发现劳动收入份额平均下降6.4个百分点，其中4.95个百分点是由于产业内效应导致的，产业间效应的影响十分微弱。这提醒我们，在研究工业企业的劳动收入份额时，应当更注重企业自身劳动收入份额的变化，而非强调行业间的结构变化。

导致劳动收入份额下降的结构性因素除长期的产业结构变动外，也可能与社会人口结构（性别比例）、收入结构（收入不平等）等可变因素有关（Giovan-noni，2015）。魏下海等（2013）利用我国2000年人口普查和2005~2007年工业企业调查数据的研究发现，地区性别失衡将导致本地竞争性储蓄增加进而增加企业资本集约度，从而显著降低所在地的企业劳动收入份额。还有一种解释认为，女性的劳动收入要低于男性，所以更高的女性劳动参与率和更高的性别工资差距将导致更低的劳动收入份额（Elveren et al.，2017），但考虑到我国女性劳动参与率有下降趋势，这一思路无法解释我国劳动收入份额下降现象。

此外，社会收入分化也会影响劳动收入份额。无论是发达国家出现的中产阶级危机和收入两极化（Autor et al.，2013；Goos et al.，2014），还是我国收入不平等程度的加剧（Piketty et al.，2019），都说明社会财富更加集中于高收入群体。而高收入群体更多依靠的是资本收入，那么资本收入份额的上升就意味着劳动收入份额的下降。Giovannoni（2015）分别剔除在美国的收入分布中处于最高0.1%、1%和10%的收入群体后发现，剩余群体劳动收入份额的下降趋势更加明显。但是，暂时没有太多研究关注我国收入不平等的恶化对同时出现的劳动收入份额下降的影响程度。

二、有偏技术进步

技术进步对劳动收入份额产生的影响是文献中广泛讨论的话题之一，但目前的结论仍是不确定的。通过理论分析可以确定的是，有偏技术进步会通过非对称地改变要素生产率进而影响产业内的要素收入分配，但具体的影响方向取决于资本和劳动的替代弹性。实证研究的结果存在差异，一个主要原因是如何测算技术进步的偏向性。早期的研究，或将劳动收入份额变动中无法用其他因素解释的部分归因于技术进步；或借助生产函数，利用直接估计法测算有偏技术进步（陈宇峰等，2013；黄先海、徐圣，2009）。对技术进步测算与所用样本等方面的差异，均会导致研究结论的不同。Stockhammer（2013）发现，在发达国家，技术进步对劳动收入份额具有负面影响；而在发展中国家，技术进步则会导致劳动收入份额上升。王林辉和袁礼（2018）认为，我国有偏技术进步的作用表现出阶段性特征：1996~2002年，第二产业资本偏向型技术进步对劳动收入份额下降的解释力为35.18%；2003~2012年，第三产业劳动偏向型技术进步解释了48.26%的劳动收入份额的上升。他们进一步指出，1996~2002年，有偏型技术进步主要通过结构效应而非直接的产业内效应，诱导要素跨部门流动和重新配置，推动产业结构变迁，从而影响劳动收入份额。周茂等（2018）围绕技术进步构建了衡量城市产业升级的新指标，准确地评估了我国地区产业升级对劳动收入份额的影响。这是因为技术进步所带来的产业升级对劳动力需求的影响更多的是结构性变化，即拉高了高技能劳动者的相对工资、从业人数比重以及劳动收入。

正如18世纪60年代从英国起源的技术革命一样，今天以信息化、智能化为特征的新一轮技术革命，会在一定程度上引发产业结构的转型升级、生产经营方式的转变，进而间接影响劳动收入份额。近年来，涌现出了一批关于特定技术进步形式影响劳动收入份额的最新研究。余玲铮等（2013）基于广东企业调查数据进行了研究，发现机器人对工资增长的促进作用要低于其对劳动生产率增长的促进作用，导致劳动收入份额出现下降趋势，这与Acemoglu和Restrepo（2018）的研究结论相似。然而，申广军和刘超（2018）使用我国工业企业数据库研究发现，使用计算机的企业有更高的劳动收入份额，因为计算机在提高企业增加值的同时，更大幅度地提高了平均劳动报酬，从而导致初次分配更加偏向劳动。郭凯明（2019）以人工智能为例，建立了一个多部门的动态一般均衡模型，对我国情形进行模拟后指出，人工智能对产业结构转型升级以及对劳动收入份额的影响方向是不确定的，其影响主要取决于不同行业间的人工智能产出弹性和人工智能与传统生产方式的替代弹性。

目前，绝大多数文献将技术进步视为外生影响因素，但Acemoglu（2003）指出，技术进步与国际贸易相关，而且国际贸易会导致技术进步偏向技能劳动力。少数文献提出并检验了国际贸易会影响技术进步的偏向，进一步通过该渠道影响劳动收入份额的变化的假设（张莉等，2012）。但需要注意的是，技术进步与全球化对劳动收入份额的作用并不能完全区分开：全球化得益于技术进步，而又有助于技术进步的扩散（IMF，2017）。

三、全球化：商品与资本的流动

Stolper和Samuelson（1941）发展了较早研究贸易开放影响生产要素所得的重要文献，其中的Stolper-Samuelson定理指出，某一商品相对价格的上升，将导致该商品密集使用的生产要素的实际价格或报酬提高，而另一种生产要素的实际价格或报酬下降。由此得到的推论是，贸易自由化会降低发达国家的劳动收入份额，而提高发展中国家的劳动收入份额，因为前者出口资本密集型产品而后者出口劳动密集型产品。虽然发达国家劳动收入份额下降的现象与此一致，但这一推论无法解释众多发展中国家劳动收入份额下降的事实。比如，余淼杰和梁中华（2014）将受到特殊关税待遇的加工贸易企业作为对照组，使用双重差分的方法得出贸易自由化降低我国劳动收入份额的结果。

与 Stolper 和 Samuelson（1941）考虑最终产品贸易不同的是，Feenstra 和 Hanson（1996）通过考虑外包（Outsourcing）这种中间产品贸易的形式，建立理论模型成功地解释了各国同时出现的高、低技能劳动收入差距增大的现象。与此相似，用外包理论同样可以解释发达国家与新兴经济体同时出现劳动收入份额下降的现象。这是因为，发达国家将更加劳动密集型的生产过程离岸外包给新兴经济体后，两类国家生产的资本密集度均会提高，从而导致两国的劳动收入份额均出现下降（Elsby et al.，2013）。而且，不同于新古典贸易理论基于的是产业间贸易，外包理论针对的是产业内贸易，从而可以更有针对性地解释由产业内变动引起的劳动收入份额的变化。

从中间品贸易，或我国特殊的加工贸易形式，而非最终品贸易的角度可以更好地解释我国劳动收入份额的下降。蒋为和黄玖立（2014）从国际生产分割的角度建立模型并分析我国劳动收入份额下降的原因，即当一国的资本密集度水平越低时，一国的劳动越充裕，在参与国际生产分割后的劳动相对价格下降得越快。张杰等（2012）强调我国出口的特殊性，即在全球价值链分工体系中，我国本土企业更多从事加工贸易生产，受到发达国家订单发包企业的"纵向压榨"和"俘获效应"，从而面临着出口产品的价格无法随成本上涨而提高的困境。而在我国劳动力供大于求的情况下，贸易条件（出口价格/进口价格）恶化所带来的影响将会更多地转嫁给我国劳动者，最终出现劳动收入份额相对资本收入份额下降的现象。同样考虑我国特殊的加工贸易的文章还有 Xu 等（2018）。他们在经典的 Heckscher-Ohlin 的基础上考虑了农业和非农业的二元经济体，认为在过去30多年中，我国有大量的剩余劳动力从农业转向从事具有相对更高工资的加工贸易生产，但加工贸易企业的工资相比于其他非农业生产活动的工资是较低的，这就造成了我国劳动收入份额的下降。

以上分析是基于产品的全球化展开的，但一个不可忽略的因素是资本的全球化。当资本的流动性增强时，资本对外部更高回报率的追逐使得劳动力相对于资本所有者的谈判能力在下降，导致劳动收入份额下降（Rodrik，1998；唐东波，2011）。国外直接投资（FDI）作为一种常见的资本跨国流动形式，常被用来解释劳动收入份额的变化。一种观点认为，是 FDI 所带来的输入性技术进步与工资黏性机制共同导致了劳动收入份额的下降（Berg and Krueger，2003；Jaumotte and Tytell，2007）。Decreuse 和 Maarek（2015）则认为，FDI 对劳动收入份额具有负向的"技术差距效应"（Technological Gap Effect）和正向的"工资竞争效应"（Wage Competition Effect），即在经济发展初期，FDI 带来了技术进步并促进了产出，导致劳动收入份额的下降；到了后期，具有更高工资报酬的外资企业的进入，提高了国内劳动力市场的竞争和工资水平，因此劳动收入份额会上升。

目前，资本全球化影响我国劳动收入份额的研究也多集中于对 FDI 的探讨。国内学者通过回归分析发现，FDI 与劳动收入份额呈负相关，主要原因在于 FDI 削弱了劳动者的议价能力；以及我国 FDI 主要集中于资本密集型行业，从而资本密集度被提高（吴晗等，2014；罗长远、张军，2009b；白重恩、钱震杰，2010）。更多解释如郭玉清和姜磊（2012），他们针对我国 1994~2007 年的研究发现，除负向的"技术差距效应"，FDI 还会使我国大量农业劳动力流向工业部门，从而提高工资和劳动收入份额，即所谓"工资竞争效应"。这两种方向相反的影响效应交替作用，使得 FDI 对我国劳动收入份额的影响路径呈现稳健的倒"U"形关系。此外，邵敏和黄玖立（2010）、戴小勇和成力为（2014）的研究分别从"工资溢出"和"技术效应"的角度实证检验了 FDI 对我国劳动收入份额的负向影响。虽然也有少数文献，如唐东波和王洁华（2011）探讨了人民币升值不利于劳动收入份额的上升，但关于资本全球化或资本流动的其他形式对劳动收入份额影响的研究尚不充足。

四、制度性因素

劳动收入份额也受到劳动力市场和资本市场相关制度政策的影响。众多研究利用我国特殊的政策与改革，探究我国劳动收入份额下降的原因。其中包括，我国特殊的以间接税为主的税收结构，会对初次收入分配结果具有较强的影响（郭庆旺、吕冰洋，2011）。利用我国 1993~2006 年省级数据，方文全（2011）的研究结果表明，由于财政收入更加依赖资本而使劳动者处于相对弱势地位，所以劳动收入份额会受到负面影响。郭庆旺和吕冰洋（2011）的观点是，税收既有改变生产要素相对投入比例的替代效应，也有直接影响税后要素收益率的收入效应。他们的实证研究结果显示，我国四大主体税种中，个人所得税和增值税会明显降低劳动收入份额，但营业税对劳动收入份额的影响不明显。申广军等（2018a）关注了 2004 年我国增值税转型改革，发现企业的增值税税率每降低 1 个百分点，企业的劳动收入份额会显著提高约 1.5 个百分点。其中的影响机制在于增值税转型改革激励了企业对固定资产的投资，有助于劳动边际生产力以及劳动收入份额的提高。

我国国有企业的特点可能对劳动收入份额的下降产生影响。施新政等（2019）以我国股权分置改革作为自然实验，发现改革显著降低了上市公司的劳动收入份额。虽然股权分置改革通过增加外部竞争有助于提高劳动收入份额，但更多地通过资本流动性增强而减少了国有上市公司中"工资侵蚀利润"的现象。20 世纪末开始的国有企业改制，带来了生产率的提高，但降低了劳动收入份额，这是因为国有企业改革降低了劳动者对于工资的议价能力（盛丹、陆毅，2017），而劳动力议价能力与劳动收入份额具有正相关关系（柏培文、杨志才，2019）。此外，周明海等（2010）指出，地方政府招商引资也不利于要素分配向劳动者倾斜；魏下海等（2013）认为，我国工会制度相比发达国家还不够完善，对工人工资率的提升不如对劳动生产率的提升明显，所以不利于劳动收入的分配。

我国在经济发展初期偏离充分市场经济体制与完全竞争市场，要素市场和产品市场存在大量摩擦。例如，中国特色的户籍制度、土地改革、利率管制、信贷歧视等，均造成了要素市场的严重分割，进而对劳动收入份额产生影响。王宋涛等（2017）研究发现，要素市场的分割会造成地区间的资本密集度差距扩大，因为资本对劳动的替代而降低了劳动收入份额。同时，他们的实证结果也证实，要素市场越不统一，特别是在制度环境越差的地方，劳动收入份额也越低。具体到劳动力市场，翁杰和张锐（2017）关于户籍制度的讨论认为，其对劳动收入份额的变动具有双重影响：一方面，户籍制度会使转移的农村劳动力的工资较低，从而对劳动收入份额具有负向影响；另一方面，户籍制度对劳动力流动的阻碍，减缓了劳动收入份额的下降。所以，在户籍制度管理较为宽松的前期，总体劳动收入份额出现了下降。资本市场摩擦也对劳动收入份额产生了不利影响。罗长远和陈琳（2012）基于文献提出并验证了以下假设：当企业面临融资约束时，通过信贷获得流动资本的能力下降，所以倾向于减少劳动雇佣或降低工资，从而对劳动收入份额产生负面影响。祝树金和赵玉龙（2016）进一步将融资约束区分为内源融资约束（指企业可随时支配的资金充裕程度）和外源融资约束（指企业进行外部融资的可能性）发现，内源融资约束对劳动收入份额具有显著的负向影响；而外源融资改善时，由于企业流动资本被挤占从而会压低劳动收入份额。与我国资本市场摩擦相关联，文雁兵和陆雪琴（2018）发现，由于金融机构对不同所有制或不同行业的企业存在差别对待，部分企业的融资成本更高，同样是因为工资成本变高而导致其劳动收入份额会相应更低。

产品市场的竞争不充分也会对劳动收入份额产生影响（Karabarbounis and Neiman，2014；Berkowitz et al.，2015）。白重恩等（2008）引入 Dixit-Stiglitz 垄断竞争和企业目标函数的差异，建立了要素分配份额的决定模型，并通过系统 GMM 方法验证垄断能力越高，资本收入份额越高（劳动收入份额越低）。伍山林（2011）更紧密结合我国制度环境，通过包含劳动力异质性和企业异质性的模型来考察劳动收入份额的微观决定机制，发现垄断会降低劳动收入份额。申广军等（2018）使用 1988~2007 年工业企业数据库，从微观企业层面验证了垄断力量和劳动收入份额的负相关关系。他们发现，逐步增强的市场力量可以解释劳动收入份额下降的 10%；对于连续存在的企业，解释力度则高达 30%。

第五节　近年来我国劳动收入份额的新变化

一、事实

虽然 2008 年金融危机前我国劳动收入份额不断下降，但金融危机后，这一下降趋势得以逆转，劳动收入份额有上升的迹象。文献中对这一时期劳动收入份额的测算如图 2-5 所示。使用国家统计局 1998~2014 年的省级统计数据，刘亚琳等（2018）计算了 GDP 法的劳动收入份额，指出我国劳动收入份额从 1998 年的 0.515 下降到 2007 年的 0.467，之后开始在波动中回升，到 2014 年恢复到 0.51 左右。以金融危机为转折点，我国劳动收入份额呈现出"U"形变化趋势。蓝嘉俊等（2019）使用《中国统计年鉴》《中国国内生产总值核算历史资料（1952—1995）》和《中国国内生产总值核算历史资料（1952—2004）》等统计资料扩展了这一描述：时间范围扩大到 1990~2016 年，方法上同时使用 GDP 法和要素成本法劳动收入份额，并且比较了不同调整方法的影响。虽然具体数值存在差异，但劳动收入份额在 2007 年达到最低点后开始上升的基本趋势与刘亚琳等（2018）的一致。本书使用省级收入法 GDP 计算了各省劳动收入份额，大多数省份在金融危机前后到达劳动收入份额的最低点，而后开始反弹，但也有部分省份的拐点出现得更晚（如江西、吉林），以及部分省份呈现完全不同的趋势（如上海、云南）。各省份间的差异也提醒我们，在研究劳动收入份额的变动时，应充分考虑地区异质性特征的影响。

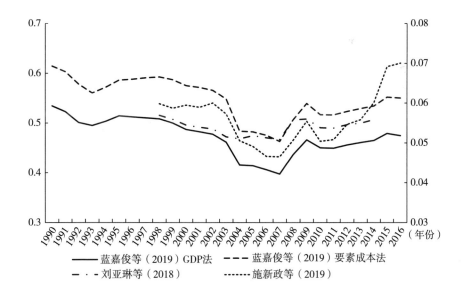

图 2-5　2008 年金融危机后我国劳动收入份额的新变化

注：数据分别来自刘亚琳等（2018）、施新政等（2019）和蓝嘉俊等（2019）。施新政等（2019）的数据在右坐标轴，其他数据在左坐标轴。

除了基于加总数据的分析，也有研究尝试在企业层面计算劳动收入份额。施新政等（2019）使用上市公司数据计算了"支付给职工以及为职工支付的现金"占"营业总收入"的比重，以此作为劳动收入份额的代理变量。柏培文和杨志才（2019）计算的指标更接近劳动收入份额，但他们在正式分析中使用的也是省级统计数据而非企业微观数据。虽然上市公司并不是经济部门中有代表性的企业，但以上两份研究基于对上市公司的描述表明，劳动收入份额在2007年触底，而后开始提高，这与宏观数据给出的信息相一致[①]。因此，虽然仍需更长的时间跨度、更丰富详尽的数据来描述金融危机后的劳动收入份额，但其上升趋势基本得以确认。

二、经济发展规律：劳动收入份额的"U"形变化趋势

国内研究中，李稻葵等（2009）较早指出在经济发展过程中，初次分配中劳动收入份额呈"U"形变化趋势。他们在二元经济理论框架下解释这种现象，我们以图2-6简要阐述这一思路。经济由农业部门（A）和工业部门（I）组成，横轴表示劳动力总量，农业和工业部门的劳动数量分别以左端和右端为原点，因此横轴上任一点表示劳动在两部门之间的配置，纵轴表示对应部门的劳动边际产出。在经济发展早期，劳动力不断从劳动生产率低的农业部门转移到劳动生产率高的工业部门，图2-6中表现为配置点从A点不断左移，经济总产出不断增长，直到两部门劳动生产率相等。在达到均衡点D之前，农业部门劳动边际产出和工资率很低；工业部门虽然劳动边际产出很高，但由于有源源不断的来自农业部门的劳动供给，所以其工资率与农业部门一样。

劳动力流转过程可分为三个阶段：①劳动力转移初期（从A到B），由于工业劳动边际产出远高于农业劳动边际产出，劳动力转移带来经济总产出的迅速增长（数值上等于$A_I A_A B_A B_I$的面积），而同期劳动报酬仅从W^A微弱增加到W^B，这一阶段劳动收入份额下降；②劳动力转移中期（从B到C），工业劳动边际产出

---

① 另一个常用的企业数据是中国工业企业数据库（1998~2013），许多研究基于这一数据库研究金融危机之前劳动收入份额下降的原因。但是，金融危机之后的年份，这套数据缺失诸多关键变量（如增加值、工资等），从而无法用来计算劳动收入份额。

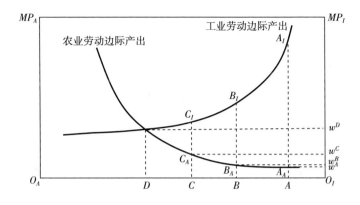

图 2-6 劳动力转移的三个阶段

注：根据李稻葵等（2009）整理。

仍然高于农业劳动边际产出，但差距小于第一阶段，带来总产出的增长（$B_I B_A C_A C_I$）也较小，同时工资率有了较大幅度的提高（从 W^B 到 W^C），当总产出增长等于劳动报酬的增长时，劳动收入份额达到最低点；③劳动力转移末期（从 C 到 D），工业劳动边际产出略高于农业劳动边际产出，带来总产出的增长（$C_A C_I D$）低于劳动报酬的增长，劳动收入份额逐渐提高。

通过上述分析，笔者认为，劳动收入份额呈"U"形变化趋势是经济发展中的一般规律，并使用跨国数据和微观企业数据进行了检验。跨国数据分析显示，劳动收入份额将于人均 GDP 6000 美元（按 2000 年购买力平价计算）时达到最低点，并且我国经济初次分配中劳动收入份额的变动趋势也符合这一基本规律。这一分析不仅解释了金融危机前我国劳动收入份额的下降趋势，而且预测了"中国经济未来两年左右劳动收入份额在初次分配中的比重会进入上升通道"。

李稻葵等（2009）强调，农业劳动力向工业转移过程中，由工业部门和农业部门劳动生产率差异引起的劳动收入份额变动，没有考虑农村劳动力转移的其他影响，比如结构效应和竞争效应。结构效应是指农村劳动力从劳动收入份额较高的农业部门转移到劳动收入份额较低的工业部门，会直接影响经济整体的劳动收入份额；竞争效应是指农村劳动力转移会改变工业部门中资本和劳动的相对谈判能力①，从而间接影响劳动收入份额（翁杰，2011）。虽然李稻葵等（2009）的理论分析过于精简，实证研究考察的至多是一种统计关系而非因果效应，但这一研究对劳动收入份额变动趋势的预测与现实非常一致，有助于我们理解金融危机以后劳动收入份额提高的原因。②

经济发展过程中更普遍的产业结构变动规律是农业比重不断减少、服务业比重不断增长、工业比重先增后减，因此更好地解释劳动收入份额的"U"形变化趋势，需要嵌入产业结构变化的这一基本规律。刘亚琳等（2018）在 Mao 和 Yao（2012）建立的三部门动态一般均衡模型基础上，分析了结构转型过程中劳动收入份额的变化规律。具体机制如下所述。劳动收入份额以农业部门最高，工业部门最低，服务业居中，而经济整体的劳动收入份额是三部门劳动收入份额的加权平均值，权重为各部门增加值。由于各部门就业比重与短期价格无关，且与增加值高度相关，所以可以近似地考察就业比重而非增加值比重：农业和服务业就业比重越高，劳动收入份额越高；而工业比重越高，劳动收入份额越低。所以，产业结构变化中工业比重的倒"U"形变化规律决定了劳动收入份额会呈"U"形演变趋势。笔者使用我国省级数据进行的实证研究证实了上述分析③。

但应该注意到，劳动收入份额的"U"形变化趋势与工业就业比重的倒"U"变化形趋势在时间上并非精确对应的。产业结构转型过程中，工业就业比重下降会提高整体劳动收入份额，农业就业比重下降会降低劳动收入份额，只有当前者的影响大于后者的影响时，整体劳动收入份额才会转降为增，这要求工业就业比重的下降速度足够快。所以，一般而言工业就业比重的转折点要早于劳动收入份额的转折点。刘亚琳等（2018）使用数值模拟的方法进行估计和预测，发现工业比重的倒"U"形转折点将出现在 2020 年前后，而劳动收入份额的"U"形转折点将出现在 2030 年左右。就目前可得数据来看，劳动收入份额转降为增

---

① 柏培文和杨志才（2019）发现在金融危机之后，劳动力议价能力和第三产业比重对我国劳动收入占比提高的平均贡献度分别为 11.876 个和 5.405 个百分点。
② 蓝嘉俊等（2019）在一定程度上进一步验证了李稻葵等（2009）的思想，但他们根据我国劳动力市场分割的特征，加入了就业的所有制结构，发现金融危机之后劳动收入份额上升的约 30%可以由城镇私营企业就业比重提高来解释。
③ 陈宗胜和宗振利（2014）也使用省级面板数据证实我国劳动收入份额存在"U"形演变趋势，但他们仍然是在城乡二元经济结构基础上的研究，而刘亚琳等（2018）强调的是三次产业结构的影响。

的实际时间早于他们的预测。笔者将其解释为 2008 年金融危机的影响：金融危机主要影响第二、三产业的发展，劳动收入份额占比最高的第一产业重新获得了相对优势，使得劳动收入份额的"U"形转折点提前出现。

第六节　结论与研究展望

国民收入如何在生产要素之间分配，既是重大的理论问题，也是关系着经济平衡发展和社会长治久安的重要现实问题。党的十九届四中全会把收入分配制度纳入社会主义基本经济制度的范畴，《中共中央国务院关于构建更加完善的要素市场化配置体制机制的意见》再次要求"健全生产要素由市场评价贡献、按贡献决定报酬的机制"，并强调"着重保护劳动所得，增加劳动者特别是一线劳动者劳动报酬，提高劳动报酬在初次分配中的比重"，凸显出国家对收入分配，尤其是对初次分配中劳动报酬问题的重视。

本章回顾了近年来我国关于劳动收入份额的研究。首先，整理了关于劳动收入份额的几个事实：纵向看，我国劳动收入份额在 2008 年金融危机之前总体处于下降趋势；横向比较，我国劳动收入份额低于世界平均水平；分产业看，农业的劳动收入份额最高但总体呈现下降趋势，工业劳动收入份额处于倒"U"形变化的下降阶段，而服务业劳动收入份额超过工业劳动收入份额且逐年上升；分地区看，东部省份的劳动收入份额普遍低于西部省份，但该差异在逐年收敛。其次，从结构变化、有编技术进步、商品与资本全球化、制度性因素等角度，重点讨论了金融危机之前我国劳动收入份额下降的几类原因。劳动收入份额在金融危机之后，逆转了原来的下降趋势，转而开始上升。

本章还从两个角度回顾了最新关于劳动收入份额上升的文献：从经济发展规律来看，劳动收入份额会呈"U"形变化趋势；从经济波动规律来看，经济下行期劳动收入份额提高。以上两点都可以同时解释 2008 年金融危机之前劳动收入份额下降和金融危机之后劳动收入份额上升的现象。

第三章　本书研究基础

第一节　本书使用的数据

本书实证分析主要使用"中国工业企业数据库"（Chinese Industrial Enterprises Database）。工业企业数据库是国家统计局根据国有工业企业和规模以上非国有工业企业提交给当地统计部门的季报和年报汇总得到的[①]。工业企业数据库的统计单位为企业法人，1998~2008 年未处理的数据包括 260 余万家企业，法人数量从 1998 年的 16 万家增长到 2008 年的 41 万家。聂辉华等（2012）比较了工业企业数据库 2004 年数据和同年进行的第一次全国经济普查数据，发现工业企业数据库当年的样本企业销售额合计 19.56 万亿元，约占当年全国工业企业销售总额（21.84 万亿元）的 89.5%。根据《中国统计年鉴》，2007 年规模以上工业企业增加值 11.7 万亿元，占工业部门总量（12.6 万亿元）的 93%，因此工业企业数据库的样本企业能够较好地反映中国工业部门的全貌，有利于提高研究结论的外部有效性。工业企业数据库报告了各个企业的基本信息和财务情况[②]，为了解企业的生产经营提供了丰富的变量，成为研究中国工业经济的重要数据支撑。

---

① 这里"工业"包括国民经济行业分类中的"采掘业""制造业"以及"电力、燃气及水的生产和供应业"三个门类，在 1994 年国民经济行业分类（GB/T 4754—1994）和 2002 年国民经济行业分类（GB/T 4754—2002）都对应二位数行业代码 06-46。规模以上指主营业务收入 500 万元以上。

② 企业的基本情况包括法人代码和代表、企业名称、联系方式、所属行业与主要产品、注册类型（所有制）和隶属关系、开业时间与经营状态等指标。企业的财务数据包括各类资产、负债和权益资本金，投入产出的各项指标，企业经营的各项指标，税收与出口情况等。聂辉华等（2012）详细介绍了工业企业数据库的情况。

在进行数据分析之前，我们先按照文献中常用的方法对数据进行清理（Feenstra et al.，2014）。首先，删除了关键变量（如企业代码、总产值、总资产、销售收入、工资及福利等）缺失的观测值。其次，我们剔除了明显不符合会计准则的企业，如总资产小于流动资产或者固定资产、总负债小于流动负债或者长期负债等（Cai and Liu，2009）。再次，我们删除了从业人数少于 8 人的企业。最后，为了剔除极端值的影响，我们对所有变量在其经验分布的两端进行了 1%的缩尾处理。

第二节 劳动收入份额：定义和计算

我们首先根据工业企业数据库计算本书的研究对象——劳动收入份额。在宏观层面，劳动收入份额是国民收入中由劳动者获得的部分；对应到企业层面，劳动收入份额是劳动者报酬（包括工资和福利费两部分）占增加值的比重。劳动者报酬包括工资和福利费两部分。根据收入法计算的增加值由四部分组成：固定资产折旧、劳动者报酬、营业盈余和生产税净额。因此，劳动收入份额根据式（3-1）计算：

$$劳动收入份额 = \frac{劳动报酬}{增加值} \times 100\%$$

$$= \frac{（工资+福利费）}{（工资+福利费+折旧+营业盈余+生产税净额）} \times 100\% \quad (3-1)$$

计算工业企业数据库中劳动收入份额的文献很多，其中钱震杰和朱晓东（2013）进行了最为详尽的研究。为了进行国际比较，该研究在计算收入法增加值时进行了精细的调整，尤其是在劳动者报酬中加入了各类社会保障费用和三大费用中应记为劳动者报酬的部分，因此得到了高于本章数值的劳动收入份额。本书无意进行跨国比较，因此省略了这一调整。通过控制企业特征及固定效应、异质性的时间趋势，可以在很大程度上消除由于缺少调整产生的偏误。

第三节　工业企业劳动收入份额的特征

我们将工业企业劳动收入份额加总到各年并与文献中的数据进行对比以检验本章数据的可信度。如表3-1所示，根据工业企业数据库加总而得的工业部门劳动收入份额在趋势上与吕冰洋和郭庆旺（2012）的核算一致，下降幅度较为接近，但在数值上小于他们的核算，这是因为工业部门的劳动收入份额原本就低于整体国民收入中的劳动收入份额。以工业部门为对象进行核算的文献不多，邵敏和黄玖立（2010）列示了1998~2003年的数据［第（2）列］，但由于其结果是基于省级加总数据计算的，所以也仅能在趋势上与本书结果进行对照。白重恩等（2008）列示了1998~2005年的资本收入份额，据此计算的劳动收入份额报告在表3-1第（3）列。本章与他们的计算方法一致，但结果仍然存在差异。产生差异的原因之一可能在于样本的清理方法不同，但更重要的原因在于他们报告是加权的结果①。

根据这一计算结果，1998~2007年劳动收入份额的均值不足43%。从时间趋势来看，表3-1显示劳动收入份额从1998年的45.42%下降到2008年的40.86%，下降幅度达4.56个百分点。根据吕冰洋和郭庆旺（2012）的计算，同期国民经济中劳动收入份额下降幅度约为6个百分点，因此工业部门与经济整体的劳动收入份额下降幅度相当。为了验证本章使用的劳动收入份额指标的可信度，表3-1将其与文献中的典型数据进行对比。由于样本不同和计算方法的差异，不同的劳动收入份额指标之间存在差别②，但其变动趋势和下降幅度都比较

---

① 白重恩等（2008）并未明确指出他们根据哪一指标进行加权。如果他们使用企业规模或者资本密集度进行加权，就会给出较低的劳动收入份额（较高的资本收入份额），因为企业规模和资本密集度都与劳动收入份额负相关（见表3-1的回归结果）。

② 本章计算的劳动收入份额与上述几份研究在趋势上高度一致，但具体数值存在差异，这是由数据和计算方法的差别决定的。比如，由于工业部门的劳动收入份额低于服务业部门，所以本章计算的ILS低于Karabarbounis和Neiman（2014）的QNT，而更接近他们计算的QNC，因为后者使用了更大的分母；白重恩等（2008）对劳动收入份额进行加权，权重的选择导致他们得到略低于本章的劳动收入份额。实证分析中也将对此进行检验。

接近，说明本章的计算方法得到了较为可靠的劳动收入份额指标。

表 3-1 1998~2007 年我国工业部门劳动收入份额的时间趋势

年份	劳动收入份额（%）			
	国民收入	工业部门		
	（1）	（2）	（3）	（4）
1998	50.4	39.47	43.7	45.42
1999	51.0	39.14	39.9	45.02
2000	49.2	37.41	36.2	44.48
2001	48.1	37.03	35.4	44.11
2002	48.7	36.28	36.4	43.77
2003	46.6	34.69	34.0	42.77
2004	44.5	—	34.0	41.99
2005	47.4	—	32.2	41.61
2006	45.9	—	—	41.30
2007	44.5	—	—	40.86

注：前两列的劳动收入份额数据来自吕冰洋和郭庆旺（2012）和邵敏和黄玖立（2010）；第（3）列根据白重恩等（2008）的资本收入份额计算而来；第（4）列为本书计算的劳动收入份额。

分行业来看，各行业的劳动收入份额存在显著差异（见图 3-1）。比如，纺织服装、鞋、帽制造业劳动收入份额最高，达到 52%；而烟草制造业劳动收入份额略高于 20%。行业间的巨大差异，使得行业结构调整成为劳动收入份额下降的可能原因：如果劳动收入份额高的行业持续萎缩，而劳动收入份额低的行业不断扩张，则整体劳动收入份额会下降。当然，劳动收入份额下降不一定来自行业结构调整，也可能是各行业的劳动收入份额同期也在下降，从而导致整体劳动收入份额降低。

为了考察劳动收入份额在样本期间的变化是来自行业结构调整，还是来自行业内的变化，本章根据罗长远和张军（2009）对样本期间劳动收入份额的变化进行分解。具体分解方法为：

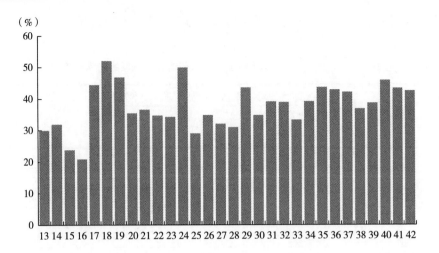

图 3-1　分行业的劳动收入份额

注：横轴为制造业行业的二位数代码（GB/T 4754—2002）。具体行业名称请参见 http：//www. stats. gov. cn/tjgz/tjdt/200207/t20020711_16330. html。

$$\Delta LS = LS_{2007} - LS_{1998} = \sum_j w_{j,\,2007} LS_{j,\,2007} - \sum_j w_{j,\,1998} LS_{j,\,1998}$$

$$= \sum_j w_{j,\,2007} LS_{j,\,2007} - \sum_j w_{j,\,1998} LS_{j,\,2007} + \sum_j w_{j,\,1998} LS_{j,\,2007} - \sum_j w_{j,\,1998} LS_{j,\,1998}$$

$$= \sum_j (w_{j,\,2007} - w_{j,\,1998}) LS_{j,\,2007} + \sum_j w_{j,\,1998} (LS_{j,\,2007} - LS_{j,\,1998}) \qquad (3-2)$$

其中，LS_{jt} 为 j 行业在 t 年的劳动收入份额，w_{jt} 为 j 行业在 t 年产出在工业部门中的比重。式（3-2）最后一行表达式可以看作两部分之和：第一部分是权重（产业间）变动引起的；第二部分是产业内劳动收入份额变动引起的。

此外，如果选择不同的基准年份，式（3-2）也可以改为另一种方式：

$$\Delta LS = LS_{2007} - LS_{1998} = \sum_j w_{j,\,2007} LS_{j,\,2007} - \sum_j w_{j,\,1998} LS_{j,\,1998}$$

$$= \sum_j w_{j,\,2007} LS_{j,\,2007} - \sum_j w_{j,\,2007} LS_{j,\,1998} + \sum_j w_{j,\,2007} LS_{j,\,1998} - \sum_j w_{j,\,1998} LS_{j,\,1998}$$

$$= \sum_j (w_{j,\,2007} - w_{j,\,1998}) LS_{j,\,1998} + \sum_j w_{j,\,2007} (LS_{j,\,2007} - LS_{j,\,1998}) \qquad (3-3)$$

劳动收入份额在 1998~2007 年下降 4.56 个百分点，按照分解结果分列如表 3-2 所示。分解结果显示，主要的变动是来自行业内部的变动，行业间的结构调整对劳动收入份额的变化贡献很小。因此，本书不关注产业结构调整带来的劳动收入份额变化，而主要关注企业自身劳动收入份额的影响因素。

表3-2　1998~2007年我国工业部门劳动收入份额的时间趋势

	劳动收入份额变动=-4.56			
	第一种分解方法		第二种分解方法	
	大小	比重（%）	大小	比重（%）
行业内变动	-4.95	108.6	-5.21	114.3
行业间变动	-0.26	5.7	0	0
协方差效应	0.65	-14.3	0.54	11.8

注：协方差效应为根据式（3-2）或式（3-3）分解的余项。

行业内变化是劳动收入份额下降的主要原因，但仍可将行业内的变化进一步分解。按照 Autor 等（2020）的方法，行业内引起的变动可以进一步分解为四部分，具体如下：

$$\Delta LS = \sum_j \tilde{\omega}_j \Delta \overline{LS}_{S,j} + \sum_j \tilde{\omega}_j \Delta \left[\sum_{i \in j} (\omega_{i,j} - \overline{\omega}_j)(S_{i,j} - \overline{LS}_j) \right]_{S,j} +$$
$$\sum_j \tilde{\omega}_j \sum_{i \in j} \omega_{X,0,i,j}(LS_{S,0,i,j} - LS_{X,0,i,j}) + \sum_j \tilde{\omega}_j \sum_{i \in j} \omega_{E,1,i,j}$$
$$(LS_{E,1,i,j} - LS_{S,1,i,j}) \tag{3-4}$$

其中，下标 i 表示企业，j 表示行业，S 表示在位企业，E 表示进入企业，X 表示退出企业。第 1~4 项分别表示在位企业内效应、在位企业规模分化效应、企业退出的影响以及企业进入的影响。

利用上述分解方法，样本内各 5 年期劳动收入份额变动的分解结果如图 3-2 所示。从各部分的相对大小来看，企业进入和退出对整体劳动收入份额变动的影响较小，行业内的变动主要表现为在位企业引起的收入份额的变动，这一变动至少可以解释整体变动的80%。[1] 从各部分的变动趋势看，在位企业的企业内效应逐渐增大，规模分化效应逐步减小，企业进入和退出对收入份额的影响趋于稳定。在1998~2003年、1999~2004年观测区间内，在位企业规模分化效应大于企

————————

[1]　计算方法：（在位企业企业内效应+在位企业规模分化效应）/劳动收入份额总变动

业内效应；而在此以后，企业内效应逐步超过规模分化效应，成为劳动收入份额变动的主导因素。

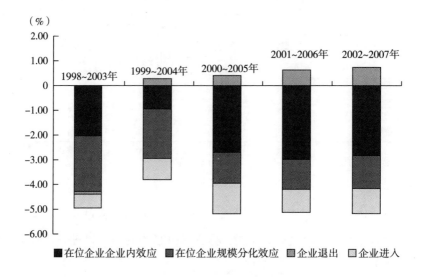

图 3-2　行业内分解

总之，从对工业企业劳动收入份额的简单描述可见，使用工业企业微观数据研究我国劳动收入份额问题是可行的且必要的。其可行性体现为，工业部门劳动收入份额的变动趋势与宏观整体劳动收入份额变动趋势一致；其必要性体现在，劳动收入份额下降主要是由行业内变化导致的，这意味着在宏观层面或者行业层面进行研究，无法触及劳动收入份额下降的根本，需要进一步深入行业内部，利用微观企业数据进行深入研究。

第四章　市场的力量
——市场结构与劳动收入份额

第一节　引言

关于市场结构与劳动收入份额的关系，现有研究还没有得到一致的研究结论。从理论上讲，在竞争不充分的市场，企业通过强大的市场势力能够获取更多收益（垄断租金），但是收益如何在资本和劳动两种生产要素之间做出分配并不确定。因此，市场势力对劳动收入份额的影响，在很大程度上是一个实证问题。Blanchard 和 Giavazzi（2003）构建的两部门模型分析发现，如果资本和劳动两种生产要素的议价能力不变，产品垄断程度降低有助于提高劳动收入份额，这意味着更强的市场势力会导致劳动收入份额降低。国内文献中，白重恩等（2008）较早地分析了市场结构和劳动收入份额的关系。他们在 Dixit 和 Stiglitz（1977）的垄断竞争框架中引入差异化的企业目标函数。由此建立的要素分配份额决定模型显示，垄断能力越强的企业，要素分配越偏向资本。作者还使用工业企业数据库（1998~2005 年）进行验证，发现市场势力越强的企业，资本收入份额越高、劳动收入份额越低。然而，最近的研究使用 1998~2007 年工业企业数据库，却发现垄断程度强的行业竟然有着较高的劳动收入份额（贾坤、申广军，2016）。

进一步研究市场结构对要素分配的影响具有重要的意义。从理论上讲，国内对市场结构如何影响劳动收入份额没有达成共识，一定程度上是因为以往研究有不少需要改进之处。比如，白重恩等（2008）在实证分析市场势力对资本收入份额的影响时，使用销售收入减去销售成本再除以销售收入作为加成系数（mark-up）的代理变量，这相当于将利润份额直接回归到利润率上，得到的正相关关系可能仅是会计上的关系。本章基于更为严谨的方法衡量企业的市场势力，以克服这一问题。与白重恩等（2008）的研究不同，本章在回归时控制企业的利润率。因此，本章分析的是，即使企业利润率相同，如果利润可能来自企业的垄断力量，那么资本方将分成更大比例，而劳动收入份额较低。贾珅和申广军（2016）的研究使用城市-行业层面的赫芬达尔指数衡量市场势力，但这一指标难以深入企业层面，因此其系数可能反映了城市-行业层面不可观测因素对劳动收入份额的影响。本章直接衡量企业层面的市场势力，得到的结论更为可靠。从政策意义上讲，以往研究并未明确指出近年来中国市场结构的演进趋势，因此也不能清楚地表明企业市场势力的增强能导致劳动收入份额有多大程度下降，进而无法理解市场偏离完全竞争带来的分配效应及其长期影响。本章研究发现，劳动收入份额的下降有 10% 可以归因于企业市场势力的增强，对于存续企业这一比例达到 30%，可见，需要对市场势力的持续增强保持警惕，避免偏离完全竞争的市场结构对中国收入分配格局产生更不利的影响。①

本章结构安排如下。第二节扩展 Kalecki（1954）的理论模型，以从理论上说明市场势力与劳动收入份额的关系。第三节介绍本章使用的数据——中国工业企业数据库，并说明本章计算核心变量（尤其是企业加成系数）的方法。第四节进行实证分析，进行稳健性检验，并讨论市场势力影响劳动收入份额在不同类型企业间的异质性。第五节总结全文，并提出相应的政策建议。

---

① 劳动收入份额既取决于企业在产品市场上的垄断能力，也取决于企业在生产要素市场上的垄断能力。由于以下两个原因，本章仅关注产品市场的市场力量，而将要素市场的就业份额和融资能力作为控制变量。首先，要素市场对劳动收入份额的影响已经得到较多的研究，比如宁光杰（2013）分析了资本市场和劳动供给情况对劳动收入份额的影响，罗长远和陈琳（2012）考虑了信贷约束的影响。其次，要素市场的情况更加复杂，不仅要考虑单一要素自身市场结构，还要结合要素间的替代弹性，考虑不同要素市场的相互影响，不易在一篇文章中清晰地阐释。

第二节　理论框架和研究假设

一、分析框架

本节通过扩展 Kalecki（1954）的理论模型来分析市场势力和劳动收入份额的关系。在 Kalecki 看来，收入分配反映了资本家将工资成本转化为产品销售价格的能力：如果资本家能够将工资成本转化为价格，就能得到较高的利润和较大的利润份额；相反，如果资本家难以将工资成本转化为价格，则利润份额就会降低，而劳动收入份额有所提高。将工资成本转化为销售价格的能力本质上是市场势力，因此市场势力越强，劳动收入份额就会越低。为了更好地表达上述思想，可以从国民收入账户核算开始分析。[①]

为了简化分析，国民收入账户核算可以抽象掉政府和国际经济交往。此时，经济总产出 Y 可以根据收入法写成：

$$Y = W + \prod \tag{4-1}$$

其中，W 表示工人的工资收入，$\prod$ 表示资本家的利润。根据定义，劳动收入份额 $\alpha = W/Y$，而利润份额或者资本收入份额 $\beta = \prod/Y$，并且 $\alpha + \beta = 1$。

假定资本家有一定的市场势力，这意味着资本家可以将其产品在生产成本基础上加价再销售出去。假定这一加成系数为 k，那么有：

$$\prod = (k-1)(W + P_m) \tag{4-2}$$

其中，P_m 是中间投入成本。资本家的生产成本为 $(W + P_m)$，销售收入为 $k(W + P_m)$，所以利润可由式（4-2）得到。

现在，收入法的国民账户恒等式可以写成：

$$Y = W + \prod = W + (k-1)(W + P_m) \tag{4-3}$$

---

① 虽然后文实证分析是基于微观企业数据，但为了遵循 Kalecki 的思想传统，这里的理论模型是在宏观层面构建的。实际上，也可以从企业角度来理解本节模型，即可以把经济总产出理解为企业增加值（劳动者报酬和企业利润之和，抽象掉政府税收），企业主（资本家）获得利润，工人获得报酬。

结合劳动收入份额的定义，可得劳动收入份额为：

$$\alpha = \frac{1}{1 + (k-1)(j+1)} \tag{4-4}$$

其中，$j = \frac{P_m}{W}$表示中间投入成本和劳动成本的比例。

二、研究假设

式（4-4）为分析市场势力和劳动收入份额的关系提供了依据。其中，k作为加成系数，反映了市场势力。在完全竞争市场，$k=1$，这时候资本家的均衡利润为0，因此劳动收入份额$\alpha=1$也顺理成章。当资本家具有一定的市场势力时，即$k>1$，他们能够获取正的利润，而劳动收入份额α也小于1。通过求导可以得到市场势力和劳动收入份额的关系为：

$$\frac{\partial \alpha}{\partial k} = -(j+1)\alpha^2 \tag{4-5}$$

由于$0 \leqslant \alpha \leqslant 1$且$j \geqslant 0$，所以$\frac{\partial \alpha}{\partial k} \leqslant 0$，即当市场势力增强时，劳动收入份额降低。这与本节开头的逻辑推理是一致的：当市场势力增强时，资本家能够将成本（包括工资支出）以更高的加成系数转化为销售价格，因此利润份额提高而劳动收入份额降低。因此，可以提出本章要验证的假设。

假设：劳动收入份额与企业的市场势力负相关。

三、扩展

以上分析假设企业凭借其市场势力赚取的利润全部归于资本家，即$\Pi = (k-1)(W+P_m)$，因为工资W是事前确定的。但这一假设可能并不符合现实。更接近现实的设定是，W是事前确定的工资水平，或者是期望工资，而在利润实现后，工人和资本家要对收益进行分成。假定双方通过纳什议价过程决定利润的分配，工人从利润分成中可以获得额外收入w，大小取决于其议价能力$\delta \in (0,1)$。因此，均衡时w为下式的解：

$$\max_{w} = \left[(k-1)(W+P_m)-w\right]^{1-\delta} w^{\delta} \tag{4-6}$$

也就是说，企业通过市场势力获取的额外收益 $(k-1)(W+P_m)$，工人得到 w，资本家得到 $(k-1)(W+P_m)-w$。求解式（4-6）可得：

$$w=\delta(k-1)(W+P_m)=\delta\prod \tag{4-7}$$

因此，劳动总报酬在增加值中的份额为：

$$\alpha'=\frac{(W+w)}{Y}=\frac{W}{Y}+\frac{w}{Y}=\alpha+\delta\beta=\alpha+\delta(1-\alpha)=(1-\delta)\alpha+\delta \tag{4-8}$$

假定工人的议价能力 δ 在短期内没有发生变化，则有：

$$\frac{\partial\alpha'}{\partial k}=(1-\delta)\frac{\partial\alpha}{\partial k}\leq 0 \tag{4-9}$$

因此，即使在更宽松的假设下，仍然可以得到本章要检验的假设，即劳动收入份额与企业的市场势力负相关。

第三节　数据和变量

一、市场势力

本章的核心解释变量是企业的市场势力。与前文的理论框架和文献传统一致，本章使用企业加成系数（markup）衡量其市场势力。加成系数定义为产品价格和边际成本的比值。工业企业数据库并未直接报告这两个指标——事实上，很少有企业数据能够提供边际成本的信息。因此，如何计算加成系数是首先要解决的问题。本章参照 De Loecker 和 Warzynski（2012）的方法计算企业层面的加成系数。该方法假设企业 i 在 t 年的生产函数是：

$$Q_{it}=F(L_{it}, K_{it}, M_{it}, \omega_{it}) \tag{4-10}$$

其中，L_{it}、K_{it} 和 M_{it} 分别表示企业的劳动投入、资本投入和中间品投入，ω_{it} 是企业生产率。生产函数 $F(\cdot)$ 具有良好的性状（连续且二次可微）。因此，企业的成本最小化问题可以写成：

$$\min w_{it}L_{it}+r_{it}K_{it}+p_{it}^m M_{it}$$

$$\text{s. t. } F(L_{it},\ K_{it},\ M_{it},\ \omega_{it})\geqslant Q_{it} \qquad (4\text{-}11)$$

其中，w_{it}、r_{it} 和 p_{it}^m 分别是对应生产要素的价格。为了更加契合中国的情况，Lu 和 Yu（2015）在使用这一方法时建议增加一个约束条件，$L_{it}\geqslant I(D_{it}=1)\overline{S}_{it}$，其中 $I(\cdot)$ 是指示函数，当企业为国企时（$D_{it}=1$）等于1。该条件刻画了中国经济的这一特征：为了维护就业稳定，地方政府经常要求国有企业至少雇佣 $\overline{S}_{it}$ 人。综合以上两个约束条件，企业的优化问题可以写成如下形式：

$$\mathcal{L}(L_{it},\ K_{it},\ M_{it},\ \lambda_{it},\ \eta_{it})=w_{it}L_{it}+r_{it}K_{it}+p_{it}^m M_{it}+\lambda_{it}\big[Q_{it}-F(L_{it},\ K_{it},\ M_{it},\ \omega_{it})\big]+$$

$$\eta_{it}\big[I(D_{it}=1)\overline{S}_{it}-L_{it}\big] \qquad (4\text{-}12)$$

由一阶条件 $\dfrac{\partial \mathcal{L}}{\partial M_{it}}=p_{it}^m-\lambda_{it}\dfrac{\partial F}{\partial M_{it}}=0$ 经过整理可得：

$$\frac{\partial F}{\partial M_{it}}\frac{M_{it}}{Q_{it}}=\frac{1}{\lambda_{it}}\frac{p_{it}^m M_{it}}{Q_{it}}=\frac{P_{it}p_{it}^m M_{it}}{\lambda_{it}P_{it}Q_{it}} \qquad (4\text{-}13)$$

其中，P_{it} 为最终产品价格。

注意 $\lambda_{it}=\dfrac{\partial \mathcal{L}}{\partial Q_{it}}$ 正是企业 i 在 t 年的边际成本，因此对应的加成系数 $\mu_{it}=\dfrac{P_{it}}{\lambda_{it}}$。结合等式（4-13）可得：

$$\mu_{it}=\frac{P_{it}}{\lambda_{it}}=\frac{\partial F}{\partial M_{it}}\frac{M_{it}}{Q_{it}}\left(\frac{p_{it}^m M_{it}}{P_{it}Q_{it}}\right)^{-1}\triangleq\theta_{it}(\alpha_{it})^{-1} \qquad (4\text{-}14)$$

其中，$\alpha_{it}=\dfrac{p_{it}^m M_{it}}{P_{it}Q_{it}}$ 表示中间投入成本（$p_{it}^m M_{it}$）占收入（$P_{it}Q_{it}$）的比重，可以通过工业企业数据库的相关变量直接计算。$\theta_{it}=\dfrac{\partial F}{\partial M_{it}}\dfrac{M_{it}}{Q_{it}}$ 表示产出对中间投入品的弹性，可以通过拟合生产函数来估计。本章遵循文献的传统，使用如下的超越对数生产函数来估计 θ_{it}：

$$q_{it}=\beta_0+\beta_l l_{it}+\beta_k k_{it}+\beta_m m_{it}+\beta_{ll}l_{it}^2+\beta_{kk}k_{it}^2+\beta_{mm}m_{it}^2+\beta_{lk}l_{it}k_{it}+\beta_{lm}l_{it}m_{it}+\beta_{km}k_{it}m_{it}+$$

$$\beta_{lkm}l_{it}k_{it}m_{it}+\beta_\omega\omega_{it}+\varepsilon_{it} \qquad (4\text{-}15)$$

其中，q_{it}、l_{it}、k_{it} 和 m_{it} 分别表示产出、劳动投入、资本投入和中间投入品的对数值。资本投入和全要素生产率 ω_{it} 根据杨汝岱（2015）的方法计算，其他三个指标均为工业企业数据库报告的数据。由于只有劳动投入为数量，产出、资本和中间品都是以价值表示的，为了剔除价格的影响，本章使用价格指数进行调整。通过分行业回归方程（4-15）得到各个系数的估计值，容易计算 $\widehat{\theta_{it}} = \dfrac{\partial q_{it}}{\partial m_{it}} = \widehat{\beta_m} + 2\widehat{\beta_{mm}}m_{it} + \widehat{\beta_{lm}}l_{it} + \widehat{\beta_{km}}k_{it} + \widehat{\beta_{lkm}}l_{it}k_{it}$，进而根据式（4-14）得到企业层面的加成系数 $\widehat{\mu_{it}}$。

估计结果显示，1998~2007 年，企业加成系数不断提高。三个代表性年份企业加成系数的分布情况如图 4-1 所示。整体而言，三个年份的加成系数都较为接近正态分布（略有右偏）。1998~2007 年，分布不断右移，显示出加成系数逐步提高，企业的市场势力正在增强。1998 年，加成系数均值为 1.14，也就是说，企业在出售产品时能够在边际成本的基础上平均加价 14%；这一数字在五年后变成 1.38，十年后增加到 1.62，即企业可以加价 62% 来出售它们的产品。这一趋

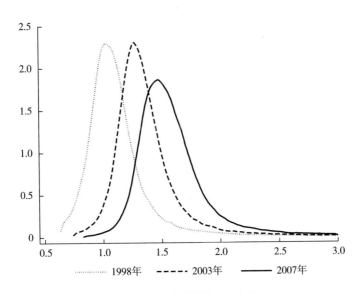

图 4-1 加成系数的动态变化

说明：为了方便展示，图中没有计入加成系数大于 3 的企业。这部分企业在全部企业中占比不足 10%，因此加入这些企业并不会改变加成系数的分布。

势与企业利润变化趋势一致。根据工业企业数据库计算的资产回报率（ROA）显示，1998 年平均不到 4%，2007 年增加到 11.9%，资产回报率增长了 3 倍。虽然加成系数的增长趋势十分明显，但另一个事实也不能忽略，即加成系数的分布变得更加"扁平"。用变异系数（均值除以标准差）衡量加成系数的分散程度，1998 年为 3.3，2007 年增加到 3.8，说明企业的市场势力在提高的同时，企业间市场势力的差距也在扩大。通过十年的发展，有些行业仍然处于白热化竞争阶段，而另一些行业可能经过兼并重组，已经形成了一批具有市场势力的大型企业，因此市场势力的差距逐渐显现出来。

二、描述性证据与控制变量

在正式的实证分析之前，本章可以先通过描述性证据来直观地展示市场势力和劳动收入份额的关系。为此，本章分别在行业和地区层面查看了加成系数和劳动收入份额的相关关系，如图 4-2 所示。比如，散点图（A）是在行业层面计算的，即每个点代表每年各二位数行业内所有企业加成系数（横轴）和劳动收入份额（纵轴）的平均值。拟合线显示了二者高度负相关，即加成系数越高的行业，平均劳动收入份额越低。同样，散点图（B）是每年各省样本企业加成系数和劳动收入份额的平均值，也表现出明显的负相关。整体而言，加成系数和劳动收入份额均值在行业层面的拟合线比地区层面更陡峭，一方面反映出劳动收入份额更多地是由行业特征决定的，因而其行业分布比地区分布更为分散；另一方面也折射出加成系数在地区之间存在较大的差异，说明地方政府可能通过政企合谋、市场分割等方式提高了企业的市场势力（申广军、王雅琦，2015）。

图 4-2 展示了加成系数和劳动收入份额的负相关关系，并不能直接归结为市场势力对劳动收入份额的影响，因为可能存在"其他因素"同时影响加成系数和劳动收入份额。换言之，图 4-2 显示的相关关系可能是因遗漏变量导致的偏误。为了进一步刻画市场势力和劳动收入份额的关系，实证分析中需要控制可能造成偏误的变量。根据现有文献的研究，本章使用的控制变量主要包括两个方面的变量。首先，在企业层面，回归控制了企业的基本特征（企业规模、年龄、盈

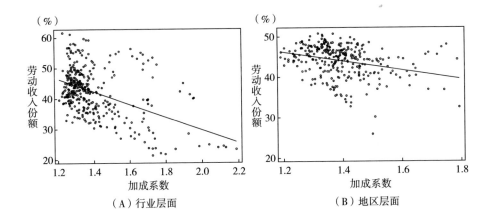

（A）行业层面　　　　　　　　（B）地区层面

图 4-2　加成系数和劳动收入份额

利能力、出口状态等）①。考虑到技术进步和外部融资对劳动收入份额的影响（Giovannoni，2015），本章使用资本劳动比衡量企业的生产技术（Acemoglu，2003；黄先海、徐圣，2009），使用资产负债率和财务费用（用总负债标准化）衡量企业面临的融资约束（陆正飞等，2010；罗长远、陈琳，2012；汪伟等，2013）。为了控制企业在劳动力市场的垄断力量，回归还控制了企业在当地同行业的就业份额。其次，回归在城市-行业层面控制了市场结构和开放程度。其中，市场结构使用赫芬达尔指数衡量，旨在剔除行业整体市场势力的影响，从而使本章的研究专注于企业本身具有的市场势力；开放程度定义为本地同行业企业的出口比例，以控制经济全球化对劳动收入份额的影响（Harrison，2005；罗长远、张军，2009b；余淼杰、梁中华，2014）。此外，国有企业的劳动收入份额一般显著高于私营企业（白重恩等，2008），多项研究都指出 20 世纪末的国有企业改制和随后的私有化过程都导致劳动收入份额下降（白重恩、钱震杰，2010；周明海等，2010）。因此，有必要控制企业的所有制特征。在具体分析时，企业的所有制虚拟变量和城市-行业内国有部门的就业份额都作为控制变量加入回归方程。为了考察市场势力对不同类别企业的劳动收入份额的影响，本章还对所有制类型进行回归分析。本章主要变量的统计特征如表 4-1 所示。

---

　　①　企业规模定义为固定资产对数，年龄根据企业开业年份计算（也为对数形式），盈利能力为资本回报率，出口状态为企业是否出口的虚拟变量。

表 4-1　描述统计量

变量	样本量	均值	标准差	最小值	最大值
劳动收入份额	2173788	43.48	21.62	0.00	100.00
加成系数	1975199	1.41	0.41	0.63	5.41
加成系数（三位数行业）	1975332	1.41	0.41	0.63	5.44
加成系数（单一产品企业）	1462287	1.42	0.42	0.63	5.41
企业规模	2151997	8.30	1.87	0.00	13.02
企业年龄	2151142	2.09	0.91	0.00	3.97
盈利能力	2119725	6.61	13.28	−23.07	87.18
出口状态	2173790	0.25	0.43	0.00	1.00
资本劳动比	2121940	10.75	1.25	6.45	13.98
财务费用	2103896	0.03	0.06	−0.02	0.64
资产负债率	2119727	58.81	28.04	0.61	156.69
就业份额	2130216	3.41	8.39	0.01	77.62
市场结构	2130033	0.12	0.15	0.00	0.91
开放程度	2151699	18.58	21.14	0.00	85.76
国企份额	2173785	18.11	25.69	0.00	100.00
劳均报酬	2130213	13.79	10.47	0.09	79.20
劳均增加值	2130213	78.07	106.16	−13.17	838.99

第四节　实证分析

一、实证设定与基准分析

本章基准回归使用如下双向固定效应模型：

$$LS_{it} = \beta_0 + \beta_1 Markup_{it} + X_{it}\beta_2 + firm_i + year_t + \varepsilon_{it} \qquad (4-16)$$

其中，LS_{it} 表示企业 i 在 t 年的劳动收入份额，$Markup_{it}$ 是对应的加成系数，用来衡量企业的市场势力，因此，系数 β_1 是本章主要关注的参数；X_{it} 是一系列控制变量，用以剔除其他因素对劳动收入份额的影响；$firm_i$ 是企业固定效应，可以消除不随时间变化的企业特征的影响；$year_t$ 是年份固定效应，用以消除同时影响所有企业的外生冲击；ε_{it} 表示随机干扰项。

表 4-2 报告了基准回归的结果。第（1）列除了固定效应外，没有添加任何

表 4-2　基准回归

	因变量：劳动收入份额		
	（1）	（2）	（3）
加成系数	-2.534***	-0.734***	-0.746***
	(0.048)	(0.046)	(0.047)
企业规模		-0.580***	-0.603***
		(0.024)	(0.025)
企业年龄		-0.255***	-0.273***
		(0.079)	(0.079)
盈利能力		-0.606***	-0.605***
		(0.002)	(0.002)
就业份额		0.018***	0.020***
		(0.004)	(0.005)
资本劳动比		-4.773***	-4.759***
		(0.033)	(0.033)
出口状态		0.268***	0.257***
		(0.056)	(0.057)
财务费用		1.248***	1.256***
		(0.304)	(0.307)
资产负债率		0.012***	0.013***
		(0.001)	(0.001)
私营企业		-1.404***	-1.311***
		(0.101)	(0.103)
外资企业		-1.105***	-0.982***
		(0.139)	(0.141)
市场结构			0.263
			(0.245)
开放程度			0.003
			(0.002)
国企份额			0.010***
			(0.001)
年份固定效应	控制	控制	控制
企业固定效应	控制	控制	控制
观测值	1975199	1780340	1741457
R^2	0.005	0.166	0.167
企业数量	540473	507884	502289

注：括号内标准误群聚到企业层面。*、**和***分别表示在10%、5%和1%的水平上显著。

控制变量。回归系数在1%的水平上显著为负，说明市场势力越强的企业，劳动收入份额越低。市场势力提高一个标准差（0.41），劳动收入份额降低1个百分点，经济意义也十分显著。但是，第（1）列的结果可能面临遗漏变量带来的偏误问题，因此，第（2）列加入了企业层面的控制变量，发现回归系数确实大幅度降低为原来的1/3，说明第（1）列的结果高估了市场势力对劳动收入份额的影响。第（3）列继续加入城市-行业层面的控制变量，核心回归系数仍在1%的水平上显著为负，并且与第（2）列非常接近，说明市场势力对劳动收入份额的抑制作用十分稳健。1998~2007年，加成系数提高了0.48，根据第（3）列的系数，这可以解释0.36个百分点的劳动收入份额的变化。样本期间，劳动收入份额实际降低了3.64个百分点。因此，劳动收入份额下降的10%是由逐渐增强的市场势力引起的。

二、稳健性检验

表4-3和表4-4通过使用不同的变量、不同的样本和不同的模型设定进行稳健性检验。

首先，本章使用的劳动收入份额是基于收入法增加值计算的，使用单一指标可能面临测量误差的问题。虽然理论上采用生产法增加值或收入法增加值是等价的，但实际中二者存在一定的差异。根据钱震杰和朱晓东（2013）的研究，工业企业数据库里报告的增加值，是生产法增加值与收入法增加值的平均。我们计算了基于生产法增加值的劳动收入份额，以此作为因变量重新进行回归。回归结果如表4-3第（1）列所示，系数显著为负，说明上文结论对不同的劳动收入份额指数都十分稳健。

其次，本章基准回归使用二位数行业内计算的加成系数衡量企业的市场势力，这一指标可能面临以下问题：二位数行业太过宽泛，某些企业虽然属于同样的二位数行业，但所生产的商品和使用的技术都相差很大，从而使得本章估计的加成系数存在测量误差的问题。此外，计算加成系数时有一个隐含的假设，即单一企业生产的产品是同质的，但实际上很多企业生产多种产品，本章计算的加成系数可能因此产生测量误差。为了克服这两个问题，表4-3第（2）列使用分三

表4-3 稳健性检验：替换自变量和样本

变量	替换因变量	替换自变量				替换样本 存续3年	替换样本 存续9年
	(1)	(2)	(3)	(4)	(5)	(6)	(7)
加成系数	-0.620*** (0.057)					-0.768*** (0.048)	-1.012*** (0.082)
加成系数 (三位数行业)		-0.763*** (0.046)					
加成系数 (单一产品企业)			-0.690*** (0.055)				
加成系数 (滞后一期)				-0.509*** (0.053)			
销售占比					-0.261*** (0.074)		
观测值	1825438	1741550	1289502	1278566	1372291	1497369	446686
R²	0.229	0.167	0.169	0.155	0.175	0.168	0.173

注：所有回归控制了表4-2中的控制变量和固定效应。括号内标准误群聚到企业层面。＊、＊＊和＊＊＊分别表示在10%、5%和1%的水平上显著。

表4-4 稳健性检验：异质性时间趋势

变量	加入行业时间趋势	加入省份时间趋势
	(1)	(2)
加成系数	-0.722*** (0.047)	-0.696*** (0.046)
观测值	1741236	1741457
R²	0.167	0.168

注：所有回归控制了表4-2中的控制变量和固定效应。括号内标准误群聚到企业层面。＊、＊＊和＊＊＊分别表示在10%、5%和1%的水平上显著。

位数行业计算的加成系数，第（3）列使用生产单一产品的企业计算加成系数作为核心解释变量。这两列的回归结果与基准回归相当接近，说明上述测量误差的问题并不严重，因此下文分析仍旧使用基准回归的加成系数。虽然本章的估计不太可能存在反向因果的问题，但仍面临共同决定的问题，即存在某种不可观测的因素同时影响企业的市场势力和劳动收入份额。因此，表4-3第（4）列使用滞后一期的加成系数作为核心解释变量。回归系数仍然在1%的水平上显著为负，有助于减轻对共同决定问题的担忧。

最后，考虑到上文都使用加成系数衡量企业的市场势力，本章也使用不同的自变量进行稳健性检验：企业销售收入占当地同行业销售的比重。表4-3第（5）列的系数显示，使用这一指标也得到显著为负的回归系数，进一步证明本章分析的稳健性。

1998~2007年，有大量企业由于经营不善退出工业企业数据库，也有许多发展良好的企业进入工业企业数据库。根据聂辉华等（2012）的统计，只有不到10%的企业连续出现在整个样本期间。退出的企业和存续的企业可能在很多方面存在系统性差异，比如，存续企业的生产效率明显高于退出企业（杨汝岱，2015）。与本章密切相关的是，退出企业的劳动收入份额显著高于存续企业，并且市场势力显著弱于存续企业。这是符合直觉的：市场势力较弱的企业却承担了较高的劳动力成本，因此更有可能退出。这两类企业的差别可能给本章估计带来偏误，因为市场势力和劳动收入份额的负相关关系，可能是由于退出企业和存续企业的差异造成的。为了进一步检验结果的稳健性，表4-3的最后两列将回归限制在存续时间较长的企业样本中，其中表4-3第（6）列只使用存在3年以上的企业，而表4-3第（7）列只使用存在9年以上的企业。市场势力的系数仍然显著为负，说明即使在存续企业内部，市场势力的增强也可以降低劳动收入份额。根据表4-3第（7）列的回归结果，加成系数的提高大约可以解释劳动收入份额下降的29%，可见，如果仅使用存续时间较长的企业样本，市场势力的经济解释能力将大幅提高。

基准回归虽然控制了很多企业层面和城市-行业层面的变量，以尽量避免遗漏变量的问题，并且控制了企业和年份固定效应，但仍然可能有某些随时间变化的不可观测变量被遗漏，进而导致估计偏误问题。比如，根据经济发展的规律，不同行业正在经历不同的发展阶段（姚洋，2013）；根据区域经济学的理论，不同地区的发展趋势也不尽相同（刘夏明等，2004）。为了消除以上两方面的影响，

表4-4通过加入异质性时间趋势进行稳健性检验。其中，第（1）列允许各行业有不同的时间趋势，第（2）列允许各省的发展趋势存在差异。回归结果显示，系数（绝对值）比基准回归略小，说明确实存在异质性的行业趋势和地区趋势，但二者的影响并不大。因此，即使剔除异质性的行业趋势和地区趋势，劳动收入份额仍然随着市场势力的增强而下降。

三、异质性分析

上文分析显示，市场势力越强的企业，劳动收入份额越低，并且这一结果非常稳健。接下来的问题是，市场势力对劳动收入份额的影响在不同类型的企业间是否存在差异？为了回答这一问题，本章从以下几个方面进行异质性分析，结果如表4-5所示。

表4-5 异质性分析

Panel A	按所有制划分			按出口状态划分	
	国有企业	私营企业	外资企业	内销企业	出口企业
	（1）	（2）	（3）	（4）	（5）
加成系数	-0.374^{***}	-0.935^{***}	-0.474^{***}	-0.824^{***}	-0.324^{***}
	（0.116）	（0.059）	（0.107）	（0.054）	（0.105）
观测值	195057	1250038	296362	1295929	445528
R^2	0.040	0.188	0.186	0.165	0.165
Panel B	按地区划分			按轻重工业划分	
	东部地区	中部地区	西部地区	轻工业	重工业
	（6）	（7）	（8）	（9）	（10）
加成系数	-0.757^{***}	-0.686^{***}	-0.465^{***}	-0.617^{***}	-0.814^{***}
	（0.058）	（0.099）	（0.126）	（0.074）	（0.061）
观测值	1251635	335182	154640	776468	935415
R^2	0.181	0.146	0.129	0.156	0.174

注：所有回归控制了表4-2中的控制变量和固定效应。括号内标准误群聚到企业层面。*、** 和 *** 分别表示在10%、5%和1%的水平上显著。

首先，本章按照企业的所有权特征，将样本分为三个子样本：国有企业、私营企业和外资企业（包括中国港澳台资企业）。工业企业数据库报告了企业的注册类型，也报告了企业实收资本的各类来源，二者都可以用于识别企业的所有制。但聂辉华等（2012）注意到，两种识别企业所有制的方法存在相当大的差别：至少15%的企业虽然注册类型是国有企业，但已经不是国有资本控股了。可见，控股比例比登记注册类型更能及时反映企业的所有制类型。因此，按照聂辉华等（2012）的建议，本章使用实收资本比例来定义企业所有制，将企业分为国有企业、私营企业和外资企业三种类型[①]。回归结果显示，市场势力对劳动收入份额的影响在不同所有制企业间存在显著差异，私营企业通过市场势力获取的收益中，流向劳动者的部分远低于国有企业和外资企业［Panel A，第（1）至第（3）列］。市场势力对劳动收入份额的影响在私营企业与国有企业之间存在差异，与二者的经营目标和社会责任有关；在私营企业和外资企业之间也存在差异，可能是因为外资企业的薪酬制度更加合理，对额外收益的分成方式更为清晰。

其次，本章将企业分为内销企业和出口企业，分类的依据是企业当年的出口交货值是否为正数。市场势力对劳动收入份额的影响在两类企业之间存在很大差距，内销企业是出口企业的2.5倍［Panel A，第（4）列、第（5）列］。这可能与中国出口有较大比重是加工贸易有关。根据戴觅和余淼杰（2014）的研究，加工贸易在中国的对外贸易中有着举足轻重的地位。事实上，中国贸易总额中约有一半是加工贸易，而贸易顺差更是全部归功于加工贸易。国内的加工贸易企业主要有两类：一类是中小企业；另一类是外资企业。金融危机之前，我国东南沿海地区普遍出现"中小企业招工难"现象，因此中小企业的工人有较强的议价能力，因而有着更高的劳动收入份额，并且受到市场势力的影响也较小[②]。至于外资企业，上文分析显示，由于外资企业的薪酬制度更加合理，对额外收益的分成方式更为清晰，因此受到市场势力的影响也较小。总之，以上两点都解释了为什

---

① 本章仿照聂辉华等（2012），根据企业实收资本，将国有资本比例超过50%的企业定义为国有企业，将外资企业的投资比例高于25%的企业定义为外资企业。

② 从方程（4-10）可得 $\dfrac{\partial^2 \alpha'}{\partial k \partial \delta} = -\dfrac{\partial \alpha}{\partial k} > 0$，即工人谈判能力越强，则市场力量对劳动收入份额的负向影响越小。

么市场势力对劳动收入份额的影响在出口企业较小。

再次，本章根据企业所在地区，将企业分为东部地区、中部地区和西部地区的企业①。回归结果显示，虽然市场势力对劳动收入份额的影响在三大地区之间存在差异，总体上以东部地区最强、西部地区最弱，但差别并不明显。市场势力对劳动收入份额的影响在地区之间的差距，主要源自市场化程度的差别。东部地区市场化程度较高，企业平均市场势力更弱（1.38），但它们的市场势力更有可能是通过产品差异化和产品质量提升来获取的，因此资本方在要素分配中更有话语权。相对来讲，西部地区市场化程度较低，企业平均市场势力更强（1.48），但这些企业的市场势力更有可能是通过行政力量和地区市场分割实现的，因此它们需要承担就业和税收等政策性负担。

最后，本章还将企业分为重工业企业和轻工业企业，回归结果见表4-5中Panel B 最后两列。由于轻工业企业使用更加劳动密集的生产技术（Lu，2010），从而使得工人的议价能力比重工业企业更强，所以，市场势力对轻工业企业劳动收入份额的影响较弱。

第五节　结论与启示

本章从理论和实证两方面分析了企业的市场势力如何影响其劳动收入份额。理论分析部分沿袭 Kalecki（1954）的思路，把企业的市场势力具体化为资本家将生产成本转化为销售价格的能力。市场势力越强，意味着资本家在销售产品时，能够在生产成本的基础上加成的比例越高，因而可以获得较高的利润和利润份额，从而劳动收入份额低。这一基准分析假设企业凭借其市场势力赚取的利润全部被资本家收入囊中，这一假设可能与现实并不完全相符。在扩展模型中，本

---

① 三大地区的划分采用国家统计局的标准，即东部地区包括北京、天津、河北、辽宁、上海、江苏、浙江、福建、山东、广东、海南11个省（直辖市）；中部地区包括山西、吉林、黑龙江、安徽、江西、河南、湖北、湖南8个省；西部地区指内蒙古、陕西、甘肃、青海、宁夏、新疆、四川、重庆、云南、贵州、西藏、广西12个省（自治区、直辖市）。

章将劳动收入份额看作两种生产要素所有者（资本家和工人）对利润分配进行讨价还价的结果。理论推导显示，即使用这种更为宽松的设定，企业不断增强的市场势力仍然会导致劳动收入份额下降。

实证研究使用工业企业数据库的微观数据检验了上述假设。与已有研究相比，本章更为科学地计算了企业的加成系数，以此衡量企业的市场势力。研究发现，市场势力越强，企业的劳动收入份额越低。具体而言，当企业的市场势力增强时，虽然工人的平均工资有所提高，但企业的增加值增长得更快。也就是说，市场势力创造的额外价值，工人仅获得了其中的一小部分，因此劳动收入份额降低了。使用不同的变量、不同的样本或者不同的模型设定，上述结论都十分稳健。对异质性的分析显示，市场势力降低劳动收入份额的作用对于私营企业、内销企业、市场经济发达的地区更为显著。本章研究内容对中国改善收入分配格局有以下几点启示。

（1）劳动收入份额下降有合理性的成分。这是因为，中国过去一段时间内处于高速追赶平台期，因此各行业的发展轨道都在发达国家有迹可循，企业的市场势力不断增强是这一阶段的典型特征。家电行业是一个众所周知的例子。20世纪90年代，家电行业仍是小型分散生产，企业数量众多，各企业的市场势力十分有限。经过2000年左右的剧烈调整，产业集中度不断提高，企业的市场势力持续增强。比如，2005年前四大空调生产商的市场占有率达到54%，前十大家用冰箱生产商的市场占有率为86.8%（戴炳源，2006）。近年来，光伏产业、手机生产等也在经历类似的过程。可见，企业市场势力的增强是不可避免的过程，因此劳动收入份额的下降也是市场势力发挥作用的必然结果。并且，这一时期经济高速增长，人均资本高速积累，但资本回报率始终保持较高水平（刘培林等，2015）。根据王丹枫（2011）的研究，这一发展阶段资本处于比较强势的地位，其议价能力也比较强，因而会进一步提高资本分成，并降低劳动收入份额。

（2）同时也应当看到，在中国今后的发展进程中，随着企业技术水平的提升，各行业的发展趋向世界前沿，因而不再有发达国家的历史经验作为参照。这样，企业的市场势力可能就不再呈现单调增强的趋势，而会随着行业发展阶段出现更加丰富的变化。比如，行业发展初期到成熟期，由于众多企业实行追随战略，整个行业可能会经历市场势力减弱的情况。这样，按照本章识别的机制，预期该行业劳动收入份额会有所提高。当然，由于各行业处于不同的发展阶段，因此整体劳动收入份额的变化趋势还取决于行业结构的调整与各行业自身劳动收入份额的消长。

（3）即使市场势力增强导致的劳动收入份额下降有其内在合理性，也并不意味着可以袖手旁观。实际上，本章进行异质性分析时已经指出，市场势力的增强可能是企业自身技术创新、提高生产经营管理带来的有益结果，也可能是由于地方市场分割、行政力量干预带来的。后一种市场势力的增强，显而易见并非合理的存在。因此，应通过加快市场一体化的建设，推进大一统的国内市场，使得生产要素和产品都可以自由流动；应巩固市场化进程，避免行政力量直接干预微观经济的决策和运行。这样，可以防止企业市场势力"不合理地"增强，进而减缓劳动收入份额的下降趋势。

（4）虽然市场势力的增强导致劳动收入份额下降是客观经济规律所决定，但仍存在改善劳动收入份额的途径。根据本章的扩展模型可知，当工人的讨价还价能力增强时，市场势力降低劳动收入份额的作用将会减弱。这一推断也在异质性分析部分得到初步检验，如更为劳动密集的产业，市场势力对劳动收入份额负向作用更小。因此，应通过工会等组织凝聚工人的力量。工会在劳资政策中具有重要的法定地位，《最低工资规定》赋予了工会监督最低工资规定执行的职权，而《中华人民共和国劳动合同法》明确了工会在签订集体合同中的主体地位（李明、徐建炜，2014）。近年来的一些研究发现，中国的工会虽然在政府的监督下运转，但仍能切实改善劳动权益（姚洋、钟宁桦，2008；Yao and Zhong，2013）。因此，充分发挥工会等组织的职能，凝聚工人的力量，增强工人群体的议价能力，有助于提高劳动收入份额，改善收入分配格局，使更多人分享到经济发展的成果。

第五章 技术的力量

——信息技术与劳动收入份额

第一节 引言

自 20 世纪中叶起，一些大型机构开始使用计算机进行一些常规作业（routine work），也偶尔尝试一些非常规作业。在 20 世纪 80 年代个人计算机出现以后，尤其是文字处理和电子制表等办公软件出现以后，许多工作都开始被"自动化"。实际上，20 世纪 80 年代也被视为计算机技术发展的转折点，因为它逐渐成为一种通用技术（General Purpose Technology），改变了各个行业许多职业的性质。网络技术和电子商务的发展使得计算机技术如虎添翼，在经济活动和日常生活中都扮演了越来越重要的角色。近年来，世界各国的经济发展都越来越多地依赖计算机和信息技术。① 比如，美国和德国分别倡导的"工业互联网"和"工业 4.0"计划，谋求将信息技术与传统工业融合在一起。在 2015 年的政府工作报告中，提出"互联网+"行动计划，希望推动移动互联网、云计算、大数据、物联网等信息技术与现代制造业结合，作为下一轮经济增长的驱动力。

虽然信息技术被广泛认为是第三次科技革命最有力的引擎，但对于信息技术如何推动经济社会发展仍缺少经验分析。并且，现有研究主要关注信息技术的

---

① 由于科技发展迅速，对这一系列的技术在不同时期有着不同的称谓，从最早的计算机技术、互联网技术等，现在经常统称为计算机信息技术（Computer and Information Technology）或者信息通信技术（Information Communication Technology）等。本章以下简称为信息技术。

"增长效应"，即信息技术对行业或者企业的经济绩效的影响，关于信息技术的"分配效应"的研究更加匮乏。本章希望填补这一空白。具体而言，我们使用2004~2007年的工业企业数据库，研究企业使用信息技术对劳动收入份额的影响，以此分析信息技术的分配效应。以下两点值得特别说明。首先，我们聚焦于中国工业部门，一方面是因为工业部门内部差异远远小于服务业部门各行业的差异，有利于避免不可控因素的干扰；另一方面是因为工业部门在我国经济中仍占有较大比重，其分配状况在很大程度上影响在国民经济收入的分配格局。其次，我们使用劳动收入份额度量分配效应，因为劳动收入份额在微观层面表征增加值在资本方和劳动者之间的分配状况，在宏观层面则是国民总收入初次分配中有多大比例由劳动者获得。考察信息技术对初次分配而非最终分配的影响，机制更为清晰，而且能避免税收、转移支付、社会保障等再分配政策的干扰。

本章研究发现，与不使用信息技术的企业相比，使用信息技术的企业的劳动收入份额高0.5~0.9个百分点。这一结果对于不同的变量、样本和模型设定都十分稳健。为了克服使用信息技术与否的自选择问题，我们还使用倾向得分匹配（Propensity Score Matching）的方法进行检验，也得到了类似的结果。对异质性的考察发现，信息技术对劳动收入份额的影响在内资企业、内销企业和东部地区最为显著，而外资企业、出口企业、中西部地区则没有类似的效果，但分配效应在轻工业企业和重工业企业之间并没有明显差异。最后，我们讨论了信息技术影响劳动收入份额的具体机制，发现信息技术不仅提高了企业的劳均增加值，而且更快地提高了平均劳动报酬，因此导致初次分配更偏向劳动。

本章后续内容安排如下。第二节简要回顾信息技术对经济的影响，并进一步指出本章的贡献。第三节介绍本章使用的数据和变量。第四节报告了实证研究结果，并进行稳健性检验和异质性分析，还讨论了信息技术产生分配效应的机制。第五节总结全文。

第二节　文献综述

关于信息技术如何影响经济发展，现有研究大都给出了乐观的答案。在宏观层面，Jorgenson 等（2000）认为，信息技术使得美国正在突破经济增长的速度极限，工业化国家和东亚经济体的信息技术投资以两位数的速度增长，成为世界经济增长的重要源泉。其他基于发达国家的分析也都认同信息技术投资对经济发展产生了重大影响。虽然基于行业层面的研究发现使用信息技术的行业的全要素生产率增长得更慢，但这些研究面临激烈的批评，因为行业间的差异很大，全要素生产率并不具备可比性（Corrado et al.，2008）。因此，研究越来越倾向于采用更为微观的企业数据。最近的一份研究利用中国工业企业的数据发现，更多使用计算机的企业更加注重研发投资，并且也获得了相应的回报：新产品比例增加、全要素生产率和劳动生产率都显著提高，因而有更高的增长速度。

经济学家还分析了信息技术能够促进企业发展的机制。Paunov 和 Rollo（2015）指出，信息技术通过以下几个渠道影响企业的经济绩效：企业（尤其是中小企业）更容易获得相关市场信息；更加有效地协调企业的生产活动和供应链管理；创造了更多的商业机会和更好的商业环境。不仅发达国家受益于信息技术，发展中国家也是如此。Aker 和 Mbiti（2010）对非洲国家的研究最能说明问题。非洲国家的通信技术非常落后，但赶上了移动互联网的浪潮，所以对移动互联网的使用出现了井喷式增长。因此，信息技术的影响在非洲表现得更加明显。一系列研究都指出，信息技术在非洲如何降低搜寻成本、提高市场效率、增进企业协作、降低运营风险。不仅如此，信息技术还促进了知识的传播、分享并大幅缩短了知识转化为生产能力的时间。另外，信息技术还有助于提高产品多样性，从而更好地迎合市场的需要。Anenberg 和 Kung（2015）为此提供了一个生动的案例：他们分析了食物卡车（Food Truck）如何利用信息技术降低信息成本，从而更好地满足消费者对各种口味的需求。

国内研究者也十分关注信息技术的经济影响。北京师范大学经济与资源管理研究所课题组（2001）界定并度量了信息技术产业，发现信息技术产业对名义 GDP 和实际 GDP 都有显著的积极影响，并且贡献了实际 GDP 增长的将近 25%（1997 年）。研究还指出了信息技术影响 GDP 的微观机制：在行业层面，信息技术改造传统产业、促进产业结构升级，推进服务业的发展，并在很大程度上改变了原有的贸易方式；从企业层面讲，信息技术可大幅度降低成本，缩短产品开发周期和产品的生命周期，促进企业组织结构和管理方式发生根本性的变化。实证研究方面，张红历等（2010）研究了我国省域信息技术发展水平和经济增长的空间结构，分析了信息技术及其空间网络效应对省域经济增长的贡献，发现信息技术发展对我国省域经济增长有显著促进作用。一份关于中国工业部门的研究则发现，信息技术有助于我国各城市的产业结构调整，并且向有利于经济增长的方向调整。

如前所述，虽然信息技术的增长效应已经得到深入研究，但研究者很少关注信息技术如何影响收入分配格局。现有研究涉及信息技术的分配效应时，也多是关注劳动者内部不同技能工人的分配情况。这是因为，一般认为信息技术与技能存在互补性，因此信息技术可以通过多个渠道影响劳动需求的技能结构，进而影响劳动者内部的收入差距。比如，Bresnahan（1999）认为，信息技术能够有效地替代中低技能的劳动力，但对高技能劳动力影响非常有限，这就意味着技能溢价（或者教育回报率）会提高，进而加剧中低技能工人和高技能工人的收入差距。Autor 等（1998）的研究证实了这一点，行业内部收入差距扩大的主要原因是企业技能需求的升级，而这在密集使用计算机的行业尤为明显。[①] 最新研究进一步指出，信息技术更偏向抽象技能（Abstract Skills），信息技术的出现使得新增就业更集中于分析能力和沟通技巧较强的地区，从而导致美国财富的地理分布发生变化。

综上所述，现有研究多关注信息技术的增长效应，对其分配效应的研究不够深入。在少数分析分配效应的文章中，又只强调劳动者内部的收入差距及其来源，忽略了信息技术如何影响资本和劳动两种生产要素的初次分配。然而，近年

---

① 需要指出的是，早期研究一般都是基于需求侧的分析，即信息技术影响企业对不同技能劳动的需求，通过提高技能溢价来扩大收入差距。这一思路并不能完全解释劳动力市场的极化现象。

来我国收入分配不断恶化的状况引人关注，而初次分配格局无疑是收入差距扩大的重要原因。① 现有文献在讨论技术对劳动收入份额的影响时，多从抽象的技术性质（技能偏向/资本增强）出发，很少分析某种具体的技术对劳动收入份额的影响。本章旨在填补文献中的研究空白，通过分析信息技术对工业企业劳动收入份额的影响和作用机制，既能为劳动收入份额影响因素提供进一步证据，也能指出信息技术在国民经济收入分配格局中的积极作用。

第三节　数据和变量

企业层面的数据很难衡量企业在多大程度上使用了信息技术，本章也仅能用企业是否有网址作为代理变量。由于工业企业数据库只在 2004～2007 年报告了企业是否有网址，因此我们使用 2004～2007 年的数据。数据显示，样本期间约有 13.4% 的企业有网址。为了进行稳健性检验，我们也使用企业的计算机数量衡量信息技术。② 2004 年，平均每家企业有 12 台计算机，每 100 人使用 8 台计算机，说明我国工业企业已经广泛使用计算机辅助生产活动。

根据现有文献对劳动收入份额影响因素的研究，本章使用的控制变量主要包括以下两个方面的变量。首先，在企业层面，我们控制了企业的基本特征（企业规模、年龄、盈利能力、出口状态等）。③ 考虑到技术进步和外部融资对劳动收入份额的影响，我们使用全要素生产率（TFP）衡量企业的生产技术，使用资产负债率和财务费用（用总负债标准化）衡量企业面临的融资约束。其次，回归在城市-行业层面控制了市场结果和开放程度。其中，市场结构使用赫芬达尔指

---

① 比如，北京师范大学的李实教授认为，过去 10 多年劳动收入份额不断下降，说明收入差距扩大主要发生在初次分配中。引自《专家建言：中国要在增长和分享之间寻求平衡》，具体内容请参见 http：//finance. people. com. cn/GB/1045/6180016. html.

② 计算机数量可能比是否有网址更能衡量企业使用信息技术的程度，但是工业企业数据库仅在 2004 年报告了企业的计算机数量。由于横截面数据难以控制不可观测的企业特征，因此我们主要使用是否有网址这个变量，只在稳健性检验中使用计算机数量。考虑到二者之间高度相关，因此结果并没有实质性的差异。

③ 企业规模定义为固定资产对数，年龄根据企业开业年份计算（也为对数形式），盈利能力为资产回报率（ROA），出口状态为企业是否出口的虚拟变量。

数衡量；开放程度定义为本地同行业企业的出口比例，以控制经济全球化对劳动收入份额的影响。此外，不同所有制企业的劳动收入份额存在较大的差别，国企改制和民营化不利于劳动收入份额的提升，因此我们在企业层面控制企业所有制特征，在城市-行业层面控制国有企业从业人员份额。本章主要变量的特征如表 5-1 所示。

表 5-1　核心变量的描述统计量

变量	观测值	均值	标准差	最小值	最大值
劳动收入份额	1175628	42.71	21.98	0.03	100.00
是否有网址	1175948	0.13	0.34	0.00	1.00
计算机数量	271421	12.00	26.06	0.00	255
企业规模	1152110	8.40	1.61	3.18	13.04
企业年龄	1165136	1.95	0.86	0.00	3.97
盈利能力	1150582	8.44	15.01	−21.59	95.17
生产技术	1071141	3.24	1.11	−0.72	6.05
是否出口	1175948	0.26	0.44	0.00	1.00
财务费用	1142739	0.03	0.07	−0.02	0.70
资产负债率	1150582	56.24	26.92	0.67	136.93
市场结构	1153393	0.10	0.13	0.00	0.81
开放程度	1163794	19.95	21.14	0.00	83.07
国企份额	1163868	8.41	15.96	0.00	89.42

第四节　实证研究

一、模型设定与基准回归

本章基准回归使用如下双向固定效应模型：

$$LS_{it} = \beta_0 + \beta_1 ICT_{it} + X_{it}\beta_2 + firm_i + year_t + \varepsilon_{it} \tag{5-1}$$

其中，LS_{it} 表示企业 i 在 t 年的劳动收入份额，即企业将多大份额分配给劳动者；ICT_{it} 是该企业是否有网址的虚拟变量，用来衡量企业对信息技术的使用程度，因此系数 β_1 是本章主要关注的参数。X_{it} 是一系列控制变量，用以剔除其他因素对劳动收入份额的影响。$firm_i$ 是企业固定效应，可以消除不随时间变化的企业特征的影响；$year_t$ 是年份固定效应，用以消除同时影响所有企业的外生冲击。ε_{it} 表示随机干扰项。

基准回归的结果如表 5-2 所示。第（1）列除了固定效应外，没有添加任何控制变量。回归系数在 10% 的水平上显著为正，说明有网址的企业，劳动收入份额更高。但是，第（1）列的结果可能面临遗漏变量带来的偏误问题，因此我们在第（2）列加入了企业层面的控制变量，发现回归系数确实大幅度提高为原来的 4 倍，并且在 1% 的水平上显著，说明第（1）列的结果低估了信息技术对劳动收入份额的影响。第（3）列继续加入城市-行业层面的控制变量，核心回归系数仍在 1% 的水平上显著为正，并且与第（2）列非常接近，说明信息技术对劳动收入份额的积极作用十分稳健。根据第（3）列的系数，有网址的企业比没有网址的企业，初次分配中更加偏向劳动这种生产要素，劳动收入份额平均高出 0.73 个百分点。如果从时间维度看，2004～2007 年，劳动收入份额均值下降了不到 1 个百分点。这就意味着，如果企业在这段时间内积极使用信息技术，几乎可以一举扭转劳动收入份额下降的趋势。可见，信息技术对要素间收入分配的影响具有经济意义上的显著性。

控制变量的结果与研究劳动收入份额的文献一致。第一，大企业和成熟企业劳动收入份额较低。由于这类企业的平均工资较高，所以较低的劳动收入份额反映了大企业和成熟企业的人均产出更高，因为它们更加依赖资本和先进的生产技术进行生产，相对较少地使用劳动这种生产要素。第二，盈利能力越强的企业，劳动收入份额越低。这是因为给定（收入法）增加值，利润和劳动收入是此消彼长的关系。第三，与文献中的发现一致，生产技术与劳动收入份额负相关。第四，出口企业劳动收入份额更高。这不仅与出口企业更加劳动密集的技术特征相关，同时也可能反映了所谓"出口—生产率悖论"现象，即中国出口企业生产效率低于内销企业，因为生产效率低的企业劳动收入份额高。第五，相比于国有企业，私营企业和外资企业的劳动收入份额显著较低，这与已有文献发现的典型特征一致。

表5-2 基准回归

解释变量	因变量：劳动收入份额		
	（1）	（2）	（3）
信息技术	0.188 * （0.113）	0.733 *** （0.112）	0.732 *** （0.114）
企业规模		−3.504 *** （0.040）	−3.533 *** （0.041）
企业年龄		−0.828 *** （0.127）	−0.857 *** （0.130）
盈利能力		−0.501 *** （0.002）	−0.499 *** （0.002）
生产技术		−2.550 *** （0.035）	−2.592 *** （0.036）
出口状态		0.449 *** （0.076）	0.415 *** （0.077）
财务费用		2.531 *** （0.396）	2.544 *** （0.400）
资产负债率		0.025 *** （0.001）	0.025 *** （0.001）
私营企业		−0.694 *** （0.196）	−0.623 *** （0.204）
外资企业		−0.274 （0.240）	−0.239 （0.249）
市场结构			0.491 （0.439）
开放程度			0.012 *** （0.004）
国企份额			0.004 （0.003）
年份固定效应	控制	控制	控制
企业固定效应	控制	控制	控制
观测值	1175628	995136	961383
拟合优度	0.003	0.175	0.178
企业数量	417780	381183	372549

说明：括号内标准误群聚到企业层面。* 、 ** 和 *** 分别表示在10%、5%和1%的水平上显著。

二、稳健性检验

本章通过使用不同的变量和不同的样本进行稳健性检验，如表5-3所示。

表5-3　稳健性检验：替代指标和样本

解释变量	替换因变量	替代自变量		存续企业
	（1）	（2）	（3）	（4）
信息技术	0.960 *** (0.161)			0.515 *** (0.115)
信息技术（滞后项）		0.291 ** (0.140)		
计算机数量			0.069 *** (0.002)	
观测值	942788	617342	188916	769935
拟合优度	0.294	0.141	0.444	0.177

说明：除第（3）列的所有回归控制了表5-2中的控制变量和固定效应，括号内标准误群聚到企业层面。第（3）列控制了二位数行业、城市、所有制的固定效应，括号内标准误群聚到行业-城市层面。* 、** 和 *** 分别表示在10%、5%和1%的水平上显著。

首先，本章基准回归使用的劳动收入份额是根据收入法增加值计算的。这一方法计算的劳动收入份额虽然和文献中的趋势一致，但具体数值存在差别，因此，有必要使用根据生产法增加值计算的劳动收入份额进行稳健性检验。表5-3第（1）列使用基于生产法增加值计算的劳动收入份额，得到了与基准回归一致的结果。

其次，企业是否使用信息技术和要素分配之间可能存在反向因果或者共同决定的威胁，即存在某种不可观测的因素同时影响企业的信息技术使用情况和劳动收入份额。因此，表5-3第（2）列使用滞后一期的信息技术指标作为核心解释变量。回归系数仍然在1%的水平上显著为正，有助于减轻我们对这一问题的担忧。①

再次，本章使用是否有网址来衡量企业使用信息技术的程度，可能存在一定的测量误差问题。为此，表5-3第（3）列使用企业的计算机数量作为信息技术的另一个代理变量。需要指出的是，工业企业数据库仅在2004年报告了计算机数量，因此我们只能使用横截面数据进行分析。为了克服潜在的遗漏变量偏误和反向因果问题，我们控制了二位数行业、城市和所有制的固定效应，并且因变量使用2005年的劳动收入份额。回归系数在1%的水平上显著为正，进一步证明更多使用信息技术的企业，在初次分配中更倾向劳动要素。实际上，考虑到企业平均拥有12台计算机，因此使用计算机数量衡量信息技术的平均效果（0.069×12）与基准回归非常接近。

最后，由于工业企业数据库仅统计规模以上的非国有企业，因此样本期间有大量企业由于经营不善退出工业企业数据库，也有许多发展良好的企业进入工业企业数据库。根据聂辉华等（2012）的统计，只有不到10%的企业连续出现在整个样本期间。杨汝岱（2015）的研究显示，退出的企业和存续的企业可能在很多方面存在系统性差异，比如，存续企业的生产效率明显高于退出企业。①与本章密切相关的是，退出企业的劳动收入份额显著高于存续企业，同时它们也更少使用计算机，更可能没有自己的网址。这两类企业的差别可能给本章估计带来偏误。为了进一步检验结果的稳健性，表5-3第（4）列将回归限制在存续3年及以上的企业，信息技术的系数仍然显著为正，说明即使在存续企业内部，使用信息技术也与更高的劳动收入份额相联系。

上文的分析虽然通过企业层面和城市-行业层面的控制变量以及双向固定效应尽量避免遗漏变量导致偏误问题，也通过滞后自变量来避免反向因果的问题，但仍然存在内生性的问题。

第一个问题在于忽略了异质性的时间趋势。比如，根据经济发展的规律，不同行业正在经历不同的发展阶段；根据区域经济学的理论，不同地区的发展趋势也不尽相同；产业经济学理论也指出，不同行业和信息技术的融合程度与进度存

---

① 我们在后文将回到这个问题，提供更多的稳健性检验。

在较大差异。为了消除以上几方面的影响，表5-4通过加入异质性时间趋势进行稳健性检验。其中，第（1）列允许各行业有不同的时间趋势，第（2）列允许各省的发展趋势存在差异。回归结果显示，加入行业时间趋势时得到的系数比基准回归略小，而加入地区时间趋势时得到的系数与基准回归十分接近，说明异质性的行业趋势确实存在，并影响了信息技术的分配效应。但是，即使剔除这一因素的影响，更多使用信息技术仍然与更高的劳动收入份额相联系。

表5-4　稳健性检验：异质性时间趋势

解释变量	加入行业时间趋势	加入地区时间趋势
	（1）	（2）
信息技术	0.581***	0.736***
	(0.114)	(0.114)
观测值	961230	961383
拟合优度	0.179	0.179

说明：所有回归控制了表5-2中的控制变量和固定效应。括号内标准误群聚到企业层面。*、**和***分别表示在10%、5%和1%的水平上显著。

内生性的第二个来源涉及信息技术的自选择问题。也就是说，企业是否使用信息技术，可能取决于前期的一些特征，而这些特征又影响着企业的分配情况。为了克服这一问题，我们采用两种方法进行稳健性检验。一种方法是，根据工业企业数据库报告的企业成立年份，我们使用新成立企业进行分析。新成立企业没有"历史"，因此是否使用信息技术不受前期变量的影响。由于回归中控制了企业所在城市和行业前一年的信息技术使用率，新企业是否有网址在很大程度上可以看成随机的。表5-5第（1）列报告的回归结果显示，系数在1%的水平上显著为正，而且数值更大，说明对于新成立企业而言，信息技术的分配效应更加明显。

另一种方法是，通过倾向得分匹配（Propensity Score Matching，PSM），选择那些在"其他方面"比较接近的企业，然后进行比较。这一方法包括两个步骤。

表 5-5 稳健性检验：新企业与匹配企业

解释变量	使用新成立企业样本	使用匹配样本
	（1）	（2）
信息技术	2.089***	0.896***
	（0.623）	（0.285）
观测值	86727	163447
拟合优度	0.207	0.173

说明：所有回归控制了表 5-2 中的控制变量和固定效应。括号内标准误群聚到企业层面。*、** 和 *** 分别表示在 10%、5% 和 1% 的水平上显著。

第一步，选择那些可能影响企业是否使用信息技术的前期或者期初特征，包括 2003 年的企业规模、年龄、盈利能力、出口状态和密度、生产效率、城市-行业内有网址的企业比例等，以及 2004 年企业员工的学历结构（大学毕业生所占比例）。[①] 表 5-6 将企业是否使用信息技术的虚拟变量回归到上述变量，发现上述变量都显著地影响企业使用信息技术的概率。这一回归可以计算企业的倾向得分（Propensity Score），基于此得分，可以为每个企业选择与其相似的一个或多个其他企业。本章使用近邻匹配方法，即为每个处理组企业（使用信息技术）匹配一个最接近的控制组企业（不使用信息技术），得到了包含 16 万观测值的子样本。表 5-6 的平衡检验对比了匹配前、匹配后的控制组和处理组的差异，所有变量在匹配前都有显著的差异，但匹配后仅有学历结构和信息技术使用率两个变量在 5% 的水平上存在差异，说明匹配后的样本企业在其他方面确实是非常相似的。

第二步，我们使用匹配样本进行双向固定效应回归，样本量是 2004~2007 年企业的劳动收入份额，核心解释变量仍是企业是否使用信息技术的虚拟变量［见表 5-6 的第（2）列］。由于匹配后的样本企业在其他方面都十分相似，只是有些企业使用信息技术而另一些企业不使用，因而劳动收入份额的差异可以归因为信息技术。表 5-6 显示信息技术的系数仍然在 1% 的水平上显著为正，并且比基准回归的系数更大，说明基准回归面临的偏误问题其实是低估了信息技术对劳动

① 由于学历结构是横截面数据，并且不是线性概率模型，所以本章在进行匹配时的 probit 分析时无法控制企业的固定效应，这部分地限制了倾向得分匹配方法的应用效力。

收入份额的影响。总之，表5-3至表5-6的稳健性检验说明，当企业使用信息技术时，它们在初次分配中会将更多的份额（0.5~0.9个百分点）分配给劳动者。

表5-6 倾向得分匹配及平衡检验结果

预测变量	Probit 回归结果	平衡检验			
		样本	均值		差分
			处理组	对照组	
	（1）	（2）	（3）	（4）	（5）
企业规模	0.114***	匹配前	8.87	8.34	0.53**
	(0.001)	匹配后	8.95	8.79	0.16
企业年龄	0.129***	匹配前	2.17	1.92	0.24***
	(0.003)	匹配后	2.25	2.21	0.04
学历结构	0.009***	匹配前	17.99	11.43	6.57***
	(0.000)	匹配后	17.19	14.78	2.41*
盈利能力	-0.002***	匹配前	7.17	8.61	-1.45***
	(0.000)	匹配后	7.31	7.10	0.21
出口状态	0.242***	匹配前	0.41	0.24	0.17**
	(0.004)	匹配后	0.43	0.36	0.07
出口密度	0.001***	匹配前	21.01	15.72	5.29***
	(0.000)	匹配后	22.69	22.88	-0.19
生产效率	0.032***	匹配前	3.32	3.22	0.10***
	(0.002)	匹配后	3.32	3.29	0.03
信息技术使用率	0.045***	匹配前	21.66	10.27	11.39***
	(0.000)	匹配后	21.35	17.33	4.02*
观测值	798582	—	—	—	—
伪 R^2	0.175	—	—	—	—

说明：所有回归控制了表5-2中的控制变量和固定效应。括号内标准误群聚到企业层面。*、**和***分别表示在10%、5%和1%的水平上显著。

三、异质性分析

上文分析显示，使用信息技术的企业有着更高的劳动收入份额，并且这一结果非常稳健。接下来的问题是，信息技术对劳动收入份额的影响在不同类别的企业间是否存在差异？为了回答这一问题，我们从四个方面进行异质性分析，结果如表5-7所示。

表5-7 异质性分析

Panel A	按所有制划分			按出口状态划分	
	国有企业	私营企业	外资企业	内销企业	出口企业
	（1）	（2）	（3）	（4）	（5）
信息技术	1.200**	0.811***	0.405*	1.101***	0.226
	（0.605）	（0.133）	（0.229）	（0.145）	（0.203）
观测值	38396	749864	173123	705448	255935
拟合优度	0.065	0.188	0.167	0.184	0.155
Panel B	按地区划分			按轻重工业划分	
	东部地区	中部地区	西部地区	轻工业	重工业
	（6）	（7）	（8）	（9）	（10）
信息技术	0.942***	0.170	-0.173	0.773***	0.779***
	（0.127）	（0.316）	（0.436）	（0.182）	（0.150）
观测值	723899	163742	73742	413854	534815
拟合优度	0.182	0.181	0.153	0.168	0.185

说明：所有回归控制了表5-2中的控制变量和固定效应。括号内标准误群聚到企业层面。*、** 和 *** 分别表示在10%、5%和1%的水平上显著。

我们首先按照所有制类别，将企业分为国有企业、私营企业和外资企业。[①] 信息技术对劳动收入份额的影响以国有企业最强，私营企业次之，但对外资企业的影响很弱。这可能反映了信息技术提高劳动收入份额的作用具有边际递减的特性，因为样本期间外资企业有网址的比例最高（16.8%），私营企业和国有企业

---

① 工业企业数据库报告了企业的注册类型，也报告了企业实收资本的各类来源，二者都可以用于识别企业的所有制。但聂辉华等注意到，两种识别企业所有制的方法存在相当大的差异：至少15%的企业虽然注册类型是国有企业，但已经不是真正的国有企业了。由于控股比例能够更及时地反映企业的所有制类型，因此本章按照聂辉华等的建议，使用实收资本比例来定义企业所有制，将企业分为国有企业、私营企业和外资企业（包括港澳台资）三种类型。

较低（分别为 12.7% 和 12.2%）。这一思路也可以解释为什么信息技术对劳动收入份额的影响主要体现在内销企业，而对出口企业没有显著影响。实际上，由于需要向国外客户展示本企业的产品，出口企业更倾向于建立自己的网站。样本中，20.6% 的出口企业有网址，这一数字几乎是内销企业的 2 倍（10.8%）。当我们分地区考察信息技术对要素收入的影响时，发现只有东部地区有显著的影响，在中西部地区都没有发现这样的效果。[①] 这一现象背后的原因值得更深入研究。可以肯定的是，地区间异质性的原因不在于生产技术的差别，因为表 5-7 中 Panel B 的最后两列显示，信息技术对劳动收入份额的影响在轻工业部门和重工业部门一样重要，回归系数在大小和显著性上都十分接近。这提醒我们，在分析信息技术的分配效应在地区间的异质性时，应该从市场环境、社会制度背景等方面寻找原因。

四、机制分析

上文分析并确认了使用信息技术的企业在分配中相对更加偏向劳动这种生产要素，随之而来的问题是，这样的结果是如何形成的呢？为了分析信息技术对要素分配的影响机制，我们将劳动收入份额表示为：

$$劳动收入份额 \triangleq \frac{劳动者报酬}{增加值} = \frac{\dfrac{劳动者报酬}{就业人数}}{\dfrac{增加值}{就业人数}} = \frac{劳均报酬}{劳均增加值} \times 100\% \qquad (5-2)$$

式（5-2）显示，劳动收入份额变动在统计上是因为劳均报酬和劳均增加值变化幅度不同引起的，因此我们可以分别查看信息技术对劳均报酬和劳均增加值的影响。回归结果如表 5-8 所示。前两列的系数显著为正，说明使用信息技术的企业，劳均报酬和劳均增加值都更高。其中，平均报酬提高 640 元，劳均增加值提高 1595 元。虽然劳均增加值提高得更多，但其基数更大，所以信息技术对平

均报酬的提升作用其实更强。为了看清这一点，我们使用平均报酬和劳均增加值的对数重新回归，结果如表5-8第（3）、（4）列所示。使用信息技术的企业，平均报酬提高2.1%，但劳均增加值仅提高0.4%，说明确实是平均报酬增长得幅度更大。因此，使用信息技术在提高劳均增加值的同时，更多地提高了劳均报酬，从而导致收入分配更加偏向劳动要素。

表5-8 效果分解

解释变量	劳均报酬	劳均增加值	劳均报酬（对数）	劳均增加值（对数）
	（1）	（2）	（3）	（4）
信息技术	0.640*** (0.083)	1.595*** (0.577)	0.021*** (0.003)	0.004* (0.003)
观测值	947828	955318	947828	953849
拟合优度	0.153	0.439	0.221	0.782

说明：劳均报酬和劳均增加值单位为千元。所有回归控制了表5-2中的控制变量和固定效应。括号内标准误群聚到企业层面。*、**和***分别表示在10%、5%和1%的水平上显著。

第五节 结 论

从20世纪中叶起，计算机、互联网、移动互联网等信息通信技术不断革新，成为推动经济社会发展的新引擎。然而，现有研究大多关注信息技术的增长效应，对其分配效应的研究不够深入。在少数分析分配效应的文章中，又只强调劳动者内部的收入差距及其来源，而忽略了信息技术如何影响资本和劳动两种生产要素的初次分配。本章使用中国工业企业数据库2004~2007年的微观数据，分析企业使用信息技术对要素收入分配格局的影响，从而填补了这一领域的空白。

研究发现，相对于不使用信息技术的企业，积极利用信息技术的企业有着更高的劳动收入份额，并且这一差距在统计意义和经济含义上十分显著。根据变量、样本和模型设定的不同，利用信息技术的企业分配给劳动者的收入份额平均高 0.5~0.9 个百分点。这一效果在不同类别的企业之间存在异质性：内资企业强于外资企业；内销企业强于出口企业；东部地区的企业强于中西部地区的企业；轻工业企业和重工业企业则没有显著差异。对影响机制的讨论表明，使用信息技术在提高增加值的同时，更大幅度地提高了平均劳动报酬，从而导致初次分配更加偏向劳动，这是信息技术分配效应的来源。

本章研究不仅在理论上填补了相关领域的空白，而且具有重要的政策含义。改革开放以来，我国经历了快速的经济发展的同时，收入差距不断增大。Gini 系数在 1990 年不足 0.35，收入分配比较合理；但 2000 年左右突破国际警戒线 0.4，并保持增长态势，2003 年以后一直高居 0.47 以上。但同时也应注意到，2003 年以后收入差距并未进一步加剧，而是在高位徘徊。根据世界银行的估算，基尼系数甚至有下降趋势。这一时期也恰好是互联网经济蓬勃发展时期，虽然不能就此断言互联网的使用抑制了收入差距的恶化，但二者的关系确实值得深入研究。当前阶段，我国仍在大力发展互联网及其相关行业，并希望利用信息通信技术改造、升级传统行业，创造新的发展生态。在这一过程中，经济学家不仅要充分利用信息技术的增长效应，而且应该理解信息技术如何影响国民经济的分配格局，通过发挥其分配效应，因势利导地改善我国当前收入差距过大的形势。

同时，我们指出本章研究的局限，并为后续研究提供可供借鉴的思路。本章分析的是企业采用信息技术如何影响初次分配，主要是在资本和劳动两种生产要素之间的分配。实际上，信息技术的使用还影响着劳动者内部的分配状况。这是因为，信息技术经常被认为具有"技能偏向"的特征，即其与技能劳动的互补性更强。因此，信息技术快速扩张使得企业需求更多的技能劳动，而对非技能劳动的需求减弱，这无疑将提高技能溢价，使得劳动者内部的收入差距扩大。所以，要研究信息技术的分配效应，不仅需要考察其对资本和劳动的收入份额的影响，还应关注劳动者内部收入差距的变化，这也是后续研究可以深入讨论的主题。

第六章 金融的力量

——企业杠杆与劳动收入份额

第一节 引 言

2017 年底的中央经济工作会议将"防范化解重大风险"列为未来三年的三大攻坚战之首，并明确"重点是防控金融风险"。基于防范系统性金融风险的考虑，"去杠杆"仍是当前我国经济供给侧结构性改革的重点。自 2015 年以来，"去杠杆"问题成为历次重要经济会议的主要聚焦点①，这是因为进入经济新常态以来，我国经济增速下滑，高速增长掩盖的矛盾集中显现出来，其中"高杠杆"是较引人关注的问题之一。根据中国社会科学院的测算，截至 2015 年底，我国全社会（政府、居民、非金融企业和金融企业）债务总额达到了 168.48 万亿元，债务总量与 GDP 的比值达到 249%，杠杆率远远高于新兴市场国家的平均水平②。并且，在决策层着力"去杠杆"的过程中，中国的杠杆率还在继续攀升，使得现实情况更为复杂和棘手（刘晓光、张杰平，2016）。

虽然适当的负债是推动经济快速发展的必要条件，但过度负债必然会引起一

---

① 比如，2015 年底的中央经济工作会议确定了"三去一降一补"五大经济任务，"去杠杆"赫然在列；2016 年底的中央经济工作会议要求深入推进"三去一降一补"，把降低企业杠杆率作为重中之重；2017 年 7 月，全国金融工作会议指出，要把主动防范化解系统性金融风险放在更加重要的位置，推动经济"去杠杆"。

② 引自《非金融企业部门债务问题最为严重》，参见 http://finance.caijing.com.cn/20160615/4133074.shtml。

系列问题。一方面，"高杠杆"会给企业带来偿债压力，增加其违约的概率，从而引起金融市场的恐慌甚至动荡；另一方面，在巨大的偿债压力下，"高杠杆"会自我加速，催生大量僵尸企业，而真正高效率的企业又难以融资，造成严重的资源错配问题（潘英丽、黄益平，2016）。过度负债甚至会影响企业的生产经营活动。比如，Phillips 和 Sertsios（2013）发现，航空公司杠杆率越高，托运服务和准点率越差；Matsa（2011）发现，超市的杠杆率越高，越容易发生产品供应不足的情况；Kini 等（2017）发现，企业杠杆率过高会导致企业对产品质量的投资不足。

现有文献关注"高杠杆"对企业增长和经济稳定的影响，但很少考虑过度负债对收入分配的影响，本章希望填补这一研究空白。研究杠杆的分配效应，是因为收入分配与经济增长是经济学研究的两个核心话题，收入分配状况决定着人民群众能否共享经济发展的果实。党的十九大报告指出，我国社会主要矛盾已经转化为人民日益增长的美好生活需要和不平衡不充分的发展之间的矛盾。收入差距扩大导致消费能力不足，这将成为满足人民日益增长的美好生活需要的重要制约因素（陈斌开等，2014）。不仅如此，收入分配不平等还影响着从个人健康和人际信任到长期增长和政治稳定等社会各个方面，因而具有重要的政策含义（Alesina and Perotti，1996；Barro，1999；周广肃等，2014）。收入分配最终格局经由初次分配和再分配两个过程而形成，其中初次分配中生产要素（主要是资本和劳动）根据各自的贡献获得报酬。劳动收入份额，即初次分配中劳动者获取的报酬所占的份额，是当前研究的热点，因此本章以劳动收入份额为例考察杠杆率的分配效应。

世界几大主要经济体近年来的发展趋势为考察杠杆率的分配效应提供了直观的证据。自20世纪80年代以来，许多发达国家的劳动收入份额持续下降，全球劳动收入份额在过去35年下降5个百分点（Karabarbounis and Neiman，2014）。与此同时，各国的杠杆率不断提升。中国、德国、美国和日本四个主要经济体1975~2014年的杠杆率和劳动收入份额的变动趋势如图6-1所示，其中杠杆率用国内金融部门贷款余额和 GDP 的比值衡量，劳动收入份额数据来自 Karabarbounis 和 Neiman（2014）。四个国家无一例外都显示出不断提升的负债比例和持续下滑的劳动收入份额，二者显著的负相关关系暗示更高的杠杆率将会压低劳动收入份额。

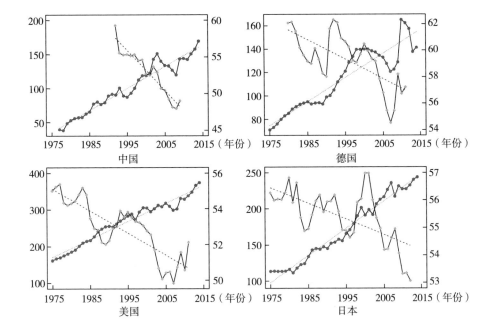

图6-1 杠杆率与劳动收入份额：跨国比较

说明：杠杆率数据来自世界银行的 World Development Indicators，标示在左轴；劳动收入份额数据来自 Karabarbounis 和 Neiman（2014），标示在右轴。两个指标均以百分比表示。虚线为对应指标的拟合线。

虽然跨国比较给出了清晰的直观证据，但要深入探究负债和劳动收入份额的因果关系，还需要严格的经济分析，尤其是要从微观个体的最优决策出发，考察负债影响劳动收入份额的具体机制。本章构建理论模型来说明企业负债和劳动收入份额之间的关系，发现负债具有压低劳动收入份额的作用，并且这一作用的强弱会随着企业的特征（所有制类型、劳动密集程度、工会力量等）而发生变化。基于 1998~2008 年的工业企业数据，本章对理论模型提出的假设进行验证。实证研究发现，企业劳均负债与劳动收入份额显著负相关，并且结果十分稳健。样本期间，劳均负债的上升可以解释全样本劳动收入份额下降的10%；对于存续时间 10 年以上的企业，劳均负债的解释力达到 1/3。与理论预测一致，劳均负债对劳动收入份额的影响存在企业异质性：国有企业弱于私营企业；轻工业企业弱于重工业企业；出口企业弱于非出口企业；有工会的企业弱于没有工会的企业；长期负债效果弱于短期负债。

本章为企业负债如何影响收入分配揭示了一个新的传导机制，这不仅有助于理解劳动收入份额变动的原因，而且为理解企业行为及其影响提供了一个新的视角。有关公司金融文献指出，企业通过策略性负债影响竞争者、客户和供应商的决策（Harris and Raviv，1991；Franck and Huyghebaert，2004），本章指出了企业策略性负债对工人福利的影响。本章的发现也具有重要的政策含义。在当前杠杆率居高不下、收入分配恶化的背景下，通过政策手段加速去杠杆不仅可以降低企业破产风险、根除僵尸企业再生，而且有利于提高劳动收入份额，改善收入分配现状。

本章后续安排如下。第二节简要地回顾相关文献，并进一步指明本章的贡献。第三节通过一个简洁的理论模型阐明企业负债影响劳动收入份额的机制。第四节介绍实证研究使用的数据和核心变量的构建。第五节通过实证分析考察样本期间不断提高的企业负债对劳动收入份额的影响，并进行稳健性检验。第六节总结全文。

第二节　文献评述

至今尚未有文献从负债和杠杆的角度分析劳动收入份额变化的原因。企业负债之所以能够影响收入在资本和劳动之间的分配，是因为债务提高了金融资本对实体资本的强化作用，使得企业采用更加资本密集的生产方式（林岗，2015；蔡萌、岳希明，2016）。生产方式的转变，产生最直接的后果是资本对劳动的替代。许多关于劳动收入份额的研究都指出，资本密集度越高的企业，收入分配越向资本倾斜（张莉等，2012）。正如 Acemoglu（2003）所指出的，均衡增长路径上的劳动收入份额能够保持稳定，但经济转型中往往发生资本偏向型技术进步，使得资本收入份额提高而劳动收入份额降低。除了生产方式的转变，更多的负债还能通过更隐秘的机制压低劳动收入份额。更多负债对于企业而言，一方面，意味着企业可以有更多的投资和更弹性的劳动需求（Stockhammer，2013），在 Kaleckian 框架下有更高的成本加成（Hein and Mundt，2012）。另一方面，企业持有大量现金会鼓励工人要求更高的工资；相反，较高的债务水平可以提高企业与劳动者谈判时的议价能力，因为偿还债务需要源源不断的资金支出，并让企业面临削减成本的压力（Matsa，2010）。因此，生产方式的转变和议价能力的变化，都意味着企业负债与劳动收入份额之间存在负相关关系。

除了研究主题的差异，本章使用数据也与大多数现有研究不同。劳动收入份额主要是一个宏观经济指标，因此研究者多使用加总层面的数据进行分析。然而，为了能够更好地探究企业负债对其初次分配的影响，本章使用微观企业数据进行实证分析。这一研究设计主要出于两方面考虑。

首先，虽然对劳动收入份额的研究始于宏观分析，但加总的分析可能掩盖部门间的差异，并且基于加总数据的研究面临着收入核算资料繁杂、数据质量不高、统计口径多变等问题（白重恩、钱震杰，2009），而使用工业企业的微观数据可以化解以上难题的干扰：一方面，单一部门的研究可以绕开结构性问题，有利于认清劳动收入份额的变化机制；另一方面，钱震杰和朱晓东（2013）提供了利用工业企业数据库计算劳动收入份额的范例，可以获取可靠的核心变量。

其次，已有研究发现，金融发展是抑制劳动收入份额的重要因素之一，但对于具体的影响机制及其在发展中国家的适用性尚不清晰。本章将提出金融发展影响劳动收入份额的全新机制，并利用中国的数据进行验证，从而弥补以上研究空白。

第三节　理论分析

一、基本模型

本节通过简单的理论模型来分析企业负债如何影响其劳动收入份额。假定经济由两类参与者组成：企业家（E）和工人（W）。代表性企业家通过向工人借债 d，并雇佣测度为 1 的工人，生产出单位产品。我们将当期利率标准化为 1，如果企业负债当期偿还，无须支付利息；如果下期偿还，则利率为 $R>1$。这样，企业家和工人的效用函数分别为：

$$U_E = (1-\lambda d-w) - \beta R(1-\lambda)d \qquad (6-1)$$

$$U_W = \lambda d+w+\beta R(1-\lambda)d \qquad (6-2)$$

其中，$\lambda \in (0, 1)$ 为当期偿还的债务比例，而 $\beta \in (0, 1)$ 为跨期折现因子。企业家的效用由当期效用和下期效用的折现组成，其中，当期效用为产出减去当期偿还的债务 λd 和支付的工资 w，下期效用主要由需要偿还的债务和利息构成；工人的效用则由当期收入（包括财产性收入 $\lambda d-d$ 和工资收入 w）以及下期收入 $R(1-\lambda)d$ 的折现组成。

企业家和工人通过纳什议价过程决定工资水平，假设企业家能够将负债作为策略性议价工具[①]的概率为 $\rho \in (0, 1)$，此时均衡工资水平为下式的解[②]：

$$\max_w (1-\lambda d-w)^{1-\delta} w^\delta \qquad (6-3)$$

即

$$w_1^* = \delta-\delta\lambda d \qquad (6-4)$$

可见，当企业家用负债作为谈判工具时，可以显著地降低支付给工人的工资。当然，企业家仍有 $1-\rho$ 的概率无法或不愿将负债作为讨价还价的策略性工具，此时双方通过最大化下式确定均衡工资：

$$\max_w (1-w)^{1-\delta} w^\delta \qquad (6-5)$$

即

$$w_2^* = \delta \qquad (6-6)$$

此时均衡工资与企业负债无关，这是因为企业家并不使用负债增强自己在谈判中的地位。综合以上两种情况，可知工人收入为：

$$w^* = \rho w_1^* + (1-\rho) w_2^* = \delta-\rho\delta\lambda d \qquad (6-7)$$

由于企业生产单位产品，所以 w^* 同时也是企业产出中的劳动收入份额。

---

① Matsa（2010）详细分析了策略性负债可以成为企业议价工具的原因。简而言之，如果企业的流动资金较为充裕，就会激励工人要求提供工资；然而，如果企业有较多负债（尤其是流动负债）需要流动资金来偿还，就能抑制工人涨工资的需求。

② 本章基本结论并不依赖于这样的设定。比如，如果双方讨价还价的过程是优化 $\max_w (1-\lambda d-w)^{1-\delta}$ $(w+\lambda d)^\delta$ 或者 $\max_w (U_E)^{1-\delta} (U_W)^\delta$，负债降低劳动收入份额的结论仍然有效。

根据：

$$\frac{\partial w^*}{\partial d} = -\rho\delta\lambda < 0 \tag{6-8}$$

可得本章要检验的第一个假设。

假设1：当企业负债增加时，劳动收入份额会降低。

二、扩展

前文模型虽然简单，但通过对劳动收入份额的表达式求二阶导数，文献中关于劳动收入份额的许多典型特征都可以得到解释，这也为本章实证部分提供了稳健性检验的思路。我们首先考虑所有制的差异。相比于非国有企业，国有企业一般更加注重公平而非效率；并且，国有企业的领导对企业剩余并没有直接的索取权，因而也不如私营企业所有者更注重利润（Bai et al.，2010）。对应到上述模型，这意味着国有企业更不愿意通过策略性负债压低工资，即 ρ 较小。由于 $\frac{\partial}{\partial\rho}\left(\frac{\partial w^*}{\partial d}\right) = -\delta\lambda < 0$，所以，企业负债对劳动收入份额的抑制作用在国有企业表现得更不明显。

劳动密集型产业通过策略性负债压低工资的可能性也较低，即 ρ 较小。与国有企业"不愿"使用负债作为策略性工具不同，劳动密集型企业则是"不能"，因为劳动是这类企业最重要的生产要素，企业很难承受工人消极怠工、大量流动甚至罢工等事件带来的后果。同样，$\frac{\partial}{\partial\rho}\left(\frac{\partial w^*}{\partial d}\right) = -\delta\lambda < 0$ 意味着企业负债和劳动收入份额的负相关在劳动密集型产业更弱。与上述分析思路相同的是，工会的力量也影响着 ρ 的大小。具体而言，工会的力量越大，越可能阻止企业策略性使用债务作为讨价还价的筹码，因而 ρ 较小。因此，工会力量强大的企业，通过负债压低工资的能力会减弱。

最后考虑债务期限的问题。企业使用负债作为谈判工具时，短期负债是最有用的，因为短期负债一旦违约，则可能面临破产风险，因而更容易成为可置信的威胁。因此，Matsa（2010）在分析策略性负债对企业议价能力的影响时，也主要使用短期负债的数据。本章模型中，λ 表示短期负债的比例。由于 $\dfrac{\partial}{\partial \lambda}\left(\dfrac{\partial w^*}{\partial d}\right) = -\delta\rho < 0$，可见短期债务比重越高，负债对劳动收入份额的抑制作用越强。

综合以上讨论，我们得到本章要检验的第二个假设。[1]

假设2：企业负债对劳动收入份额的影响存在异质性。具体而言，

2.1：企业负债降低劳动收入份额的作用在国有企业弱于非国有企业；

2.2：企业负债降低劳动收入份额的作用在劳动密集型产业较弱；

2.3：工会力量越强，企业负债降低劳动收入份额的作用越弱；

2.4：短期负债比长期负债对劳动收入份额的抑制作用更强。

第四节　数据和变量

本章使用劳均负债衡量企业的负债情况，其中劳均负债定义为企业负债总额与从业人数的比值。选用这一指标出于两方面的考虑：从理论上讲，劳均负债指标与第二节的理论模型相对应；从现实情况来说，劳均负债不仅剔除了企业规模对负债的影响，而且本质上反映了企业所有者和劳动者的力量对比，这正是金融发展能够影响劳动收入份额的重要渠道。使用加总数据时，研究者经常使用资产而非从业人数来标准化企业负债，即用杠杆率（资产负债率）而非劳均负债作为主要的解释变量。为了克服企业资产对负债能力的影响，回归中也将控制与企业资产相关的变量[2]。如图6-2所示，样本期间企业劳均负债从1998 年的 10.13 万元增长到 2008 年的 17.20 万元，增幅十分明显。劳均负债的增长主要是由流动负债增加导致的，而长期负债没有明显的趋势，两类负债

---

① 实际上议价能力可以表现为两个不同的层次：企业议价的才能（δ）；企业议价的筹码。文献一般假定 δ 是外生给定的，本章也沿袭这一设定。此时，议价能力完全取决于议价筹码之强弱，本章中企业的筹码即为负债。因此，本章的逻辑链条为：企业负债—议价能力—劳动收入份额。然而，实践中我们并无法构建一个指标表示"议价能力"，以检验其在上述逻辑链条中的作用。但是，通过假定有这样的"议价能力"，理论模型得到一系列可检验的假设，进而可以通过数据对这些假设进行验证。

② 与资产相关的变量有企业规模（企业固定资产的对数）、资产收益率（营业利润除以总资产）和资本劳动比（企业资本存量与从业人数的比值）。

的差别将是我们考察的对象。

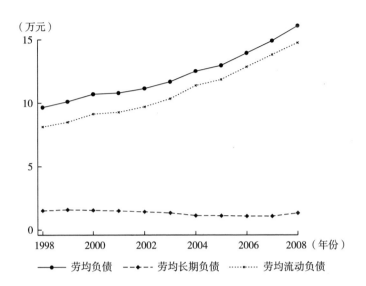

图 6-2　劳均负债的时间趋势

资料来源：笔者根据工业企业数据库计算得到，变量定义详见正文。

　　利用构建的核心指标，我们可以在正式的实证分析前直观地了解企业负债和劳动收入份额的相关情况。从时间的趋势上，不断下降的劳动收入份额与持续升高的劳均负债，二者的负相关非常明显。从加总横截面的维度考察劳动收入份额和劳均负债的相关性如图 6-3 所示，其中左图的散点表示历年各个城市的劳均负债均值（横轴）和劳动收入份额均值（纵轴），向下倾斜的拟合线表明二者存在显著的负相关关系。同样，图 6-3 右图的散点是两个核心变量在二位数行业—年份层面的均值，负相关关系更加明显。当然，图 6-3 只是劳动收入份额与劳均负债的相关性，研究二者的因果关系需要更严谨的计量分析，尤其要克服遗漏变量带来的偏误问题。因此，本章实证分析将考虑一系列控制变量。

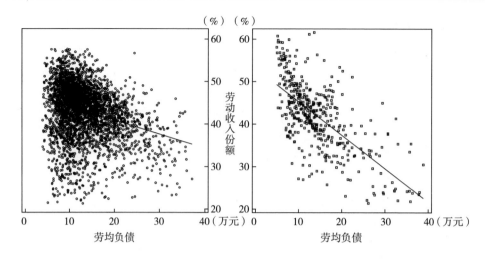

图 6-3　劳动收入份额与劳均负债

第一，企业规模与劳动收入份额密切相关。经济学家很早就注意到企业规模对工资的影响，Oi 和 Idson（1999）在一篇综述文章中指出，企业规模可以解释企业间工资差异的 1/3。虽然企业规模越大，平均工资越高，但企业规模与劳动收入份额的相关性并不显而易见，这取决于大企业为什么提供高工资。比如，大企业能够招聘更有能力的员工，如果不同规模的企业之间生产效率的差异高于平均工资的差异，企业规模与劳动收入份额就会负相关；相反，如果大企业提供高工资仅仅是因为管理层更有自由裁量权（Discretion）或者管理层级增加效率工资等原因，那么企业规模与劳动收入份额会正相关（Ehrenberg and Smith，2009）。因此，企业规模和劳动收入份额的关系仍是一个实证问题，本章使用固定资产的对数衡量企业规模，并进行检验。

第二，出于两方面的考虑，我们要控制企业的盈利能力（用资产利润率衡量）。一方面，利润和劳动者收入都是收入法增加值的组成部分，给定增加值，二者存在此消彼长的数学关系。或者说，劳动者收入是企业成本的一部分，其他条件相同时，劳动者收入越高，企业的利润越低（贾珅、申广军，2016）。从这个角度来讲，企业盈利能力与劳动收入份额存在确定的负相关关系。另一方面，盈利能力影响着企业的融资能力（Zingales，1997），并进而通过多种渠道影响企

业的劳动收入份额（罗长远、陈琳，2012）。因此，遗漏盈利能力这一企业特征
会对估计结果造成严重的偏误。

第三，生产技术会影响劳动收入份额。正如我们在引言中提到的，技术进步
是劳动收入份额变动的主要原因之一。对中国的实证研究也支持这一判断。黄先
海和徐圣（2009）将劳动收入份额的变动分解为乘数效应、资本深化和劳动
（或资本）节约型技术等几个方面，证实了技术进步对劳动收入份额的影响。陆
菁和刘毅群（2016）进一步指出，资本扩张对劳动收入份额的影响取决于要素间
的替代弹性。他们测算了1990~2010年我国工业部门的要素替代弹性，在此基
础上发现资本深化和资本增进型技术进步都显著抑制了劳动收入份额。本章也使
用资本劳动比作为企业生产技术的代理变量以控制这一影响渠道。

第四，现有文献注重经济开放对劳动收入份额的影响，但实证分析并未得到
一致的结论，因为经济开放的收入分配效应，一方面取决于各国的发展阶段；另
一方面受限于研究者对开放指标的选取。在国内实证研究中，罗长远和张军
（2009b）、邵敏和黄玖立（2010）都发现外资进入显著地降低了劳动收入份额，
而余淼杰和梁中华（2015）则分析了国际贸易的影响，发现贸易自由化通过降低
资本品成本、中间投入品价格和技术引进的成本，抑制了劳动收入份额。本章同
时关注资本流动和国际贸易的影响，其中，资本流动方面主要通过企业的外资属
性来处理，国际贸易方面主要关注出口的影响，在企业层面构建表征企业是否出
口的虚拟变量。考虑到不同类别企业之间的工资溢出效应，我们控制了每年城
市-行业内的出口企业比重。

第五，国内许多研究分析了市场结构对劳动收入份额的影响。比如，白重恩
等（2008）和伍山林（2011）考察了产品市场结构的影响，发现垄断程度与劳
动收入份额负相关。与此互补的研究，一方面是孙文杰（2012）从最终需求结构
解释劳动收入份额的变动；另一方面是罗长远（2011）从要素市场的解释。本章
使用赫芬达尔-赫希曼指数（HHI）衡量历年城市-行业内的垄断程度，关注产品
市场结构对劳动收入份额的影响。

第六，考虑企业所有制类型的影响。劳动收入份额在不同所有制企业之间存
在显著的差异（白重恩等，2008），所以国内的实证研究往往都将企业所有制作

为不可或缺的控制变量，并分析国有企业改制对劳动收入份额的影响（罗长远、张军，2009b；周明海等，2010；白重恩、钱震杰，2010）。工业企业数据库有两种定义企业所有制的方法：根据企业的登记注册类型，或者根据企业的实收资本。样本期间，我国国有和私营部门经历了大规模的结构转换，根据聂辉华等（2012）的核算，两种识别企业所有制的方法存在相当大的差别：登记注册类型为国有企业的样本中，至少15%已经是私营资本或外商资本（包括中国港澳台资本）控股了。所以，根据实收资本计算的控股比例能够更及时地反映企业的所有制类型，本章据此将企业分为三种所有制类型：国有企业、私营企业和外资企业，并且在城市–行业层面控制了国有企业比重。本章主要变量的特征如表6-1所示。

表6-1 描述统计量

变量	观测值	均值	方差	最小值	最大值
工业企业数据库（1998~2008年）					
劳动收入份额（%）	2581233	42.99	21.64	0	100.00
劳均负债（万元）	2554075	13.73	19.43	0	162.65
劳均长期负债（万元）	2498598	1.29	4.01	0	41.38
劳均流动负债（万元）	2553384	11.62	16.22	0	129.72
企业规模	2529049	9.68	1.35	6.40	13.92
资产利润率	2517673	7.43	14.41	−22.79	90.86
资本劳动比	2519582	10.78	1.25	6.62	14.01
出口（是=1）	2581254	0.25	0.43	0	1.00
HHI	2529691	0.12	0.15	0	0.89
开放程度（%）	2554909	18.35	20.78	0	84.80
国企份额（%）	2581231	16.19	24.64	0	100.00
工业企业数据库（2004年）					
工会（是=1）	271423	0.47	0.50	0	1.00
工会人数（对数）	271423	2.13	2.45	0	21.49
中国城市统计年鉴					
金融发展 A	1432	0.94	1.59	0.02	28.04
金融发展 B	3284	3.11	1.09	0	10.54
金融发展 C	1880	6.37	1.92	1.26	17.47

第五节　数据分析

一、基准回归

本章基准回归使用以下双向固定效应模型：

$$LS_{it} = \alpha + \gamma Debt_{it} + X_{it}\vartheta + Z_{jct}\theta + \mu_i + \tau_t + \varepsilon_{it} \tag{6-9}$$

其中，LS_{it} 为企业 i 在 t 年的劳动收入份额，$Debt_{it}$ 为其负债情况，所以 γ 衡量的是企业负债对劳动收入份额的影响。然而，如果 $Debt_{it}$ 与误差项 ε_{it} 相关，对 γ 的估计就会产生偏误。为了避免遗漏变量引起内生性问题，我们控制了一系列变量，包括企业层面的控制变量 X_{it} 和城市-行业层面的控制变量 Z_{jct}（j 表示企业 i 所属行业，c 表示企业 i 所在城市）。除了这些时变的（Time-varying）控制变量，回归还控制了企业固定效应 μ_i 和年份固定效应 τ_t，其中，前者用于剔除不随时间变化的企业特征的影响（如企业位置、管理文化等），后者用以剔除年份特征，比如同时影响所有企业的宏观经济波动等。

基准回归结果如表6-2所示。第（1）列是没有控制变量的回归结果，系数在1%的水平上显著为负，说明负债越高的企业，劳动收入份额越低。具体而言，劳均负债提高1万元，劳动收入份额降低0.1个百分点。1998~2008年劳动收入份额下降约5个百分点，劳均负债提高了约7万元，因此可以解释14%（＝0.1×7/5）的劳动收入份额下降。但是，这一结果可能由于遗漏一些重要变量而存在偏误。表6-2第（2）列和第（3）列通过逐步加入企业层面控制变量和城市-行业层面控制变量来解决这一问题。结果显示劳均负债的系数有所减小，可见第（1）列的结果确实高估了劳均负债对劳动收入份额的影响。不过，回归系数仍在1%水平上显著为负，说明劳均负债与劳动收入份额之间的负相关关系在统计上十分稳健。按照这两列的系数，逐渐攀升的劳均负债仍然可以解释劳动收入份额下降的9.5%（＝0.068×7/5），具有经济意义上的显著性。

表 6-2 基准回归

	因变量：劳动收入份额				
	（1）	（2）	（3）	（4）	（5）
劳均负债	-0.100 ***	-0.069 ***	-0.068 ***	-0.069 ***	-0.073 ***
	（0.001）	（0.001）	（0.001）	（0.001）	（0.003）
企业规模		-0.955 ***	-0.974 ***	-0.956 ***	-1.003 ***
		（0.026）	（0.026）	（0.027）	（0.050）
资产利润率		-0.545 ***	-0.544 ***	-0.548 ***	-0.617 ***
		（0.001）	（0.001）	（0.002）	（0.004）
资本劳动比		-4.325 ***	-4.331 ***	-4.340 ***	-4.670 ***
		（0.030）	（0.030）	（0.031）	（0.065）
出口		0.405 ***	0.377 ***	0.388 ***	0.504 ***
		（0.050）	（0.050）	（0.051）	（0.095）
私营企业		-1.517 ***	-1.366 ***	-1.416 ***	-2.290 ***
		（0.091）	（0.091）	（0.092）	（0.139）
外资企业		-1.237 ***	-1.060 ***	-1.107 ***	-1.885 ***
		（0.123）	（0.124）	（0.126）	（0.205）
HHI			0.988 ***	0.955 ***	0.656 *
			（0.203）	（0.207）	（0.358）
开放程度			0.007 ***	0.007 ***	0.006 *
			（0.002）	（0.002）	（0.003）
国企份额			0.012 ***	0.013 ***	0.015 ***
			（0.001）	（0.001）	（0.002）
观测值	2554073	2406397	2356054	1994061	499248
R^2	0.009	0.165	0.165	0.166	0.178

说明：所有回归控制了企业固定效应和年份固定效应。括号内标准误群聚到企业层面。*、** 和 *** 分别表示在10%、5%和1%的水平上显著。

1998~2008 年，大量企业由于经营不善退出工业企业数据库，也有许多发展良好的企业进入工业企业数据库。根据聂辉华等（2012）的统计，只有不到10%的企业连续出现在整个样本期间。退出的企业和进入的企业可能在很多方面存在系统性差异，比如，进入企业的生产效率明显高于退出企业（杨汝岱，2015）。与本章密切相关的是，退出企业的劳动收入份额和劳均负债都显著高于进入企业。退出企业劳动收入份额更高，这会高估企业负债对劳动收入份额的影响；同时，退出企业的劳均负债也较高，又会导致企业负债的影响被低估。因此，前三列的估计结果是否高估或者低估企业负债对劳动收入份额的影响，取决于两种力量的相对强弱。为了进一步检验结果的稳健性，表6-2的最后两列将回归限制在存续时间较长的企业样本，其中，第（4）列只使用存在3年以上的企业，第（5）列只使用存在9年以上的企业。劳均负债的系数仍然显著为负，并且系数的绝对值也维持稳定，说明上述可能导致结果偏误的两种力量基本上相互抵消。根据第（5）列的回归结果，劳均负债的提高大约可以解释劳动收入份额下降的1/3[①]，可见如果仅使用存续时间较长的企业样本，劳均负债的经济解释能力大幅提高。

控制变量也都给出了一致的结果。

第一，企业规模与劳动收入份额负相关。由于大企业的平均工资较高，所以较低的劳动收入份额反映了大企业的人均产出更高。

第二，盈利能力越强的企业，劳动收入份额越低。理论上，盈利能力与劳动收入份额的负相关关系，一方面反映了企业利润和劳动者报酬此消彼长的关系；另一方面说明盈利能力强的企业拥有更强的融资能力，从而可以通过策略性负债来压低劳动收入份额。但是，由于我们已经控制了企业的负债情况，所以这里的负相关关系主要来自利润和劳动者报酬之间的数学关系。

第三，与文献中的发现一致，资本劳动比与劳动收入份额负相关。比如，陆菁和刘毅群（2016）通过分解发现，在要素价格变动和技术进步因素的推动下，资本扩张提高了工业部门资本要素的报酬份额，而压低了劳动收入份额。

第四，出口企业劳动收入份额更高，并且开放程度更高的城市-行业在要素分配中也更偏向劳动。这固然与出口企业更加劳动密集的技术特征相关，同时也

---

① 对于存在9年以上的企业，企业劳均负债从1998年的11.3万元提高到2008年的21.6万元，同期劳动收入份额则从44%下降到41.7%。因此，劳均负债的变动可以解释劳动收入份额下降的33%（=0.073×10.3/2.3）。

可能反映了所谓"出口—生产率悖论"现象，即中国出口企业生产效率低于内销企业（李春顶，2015），因为生产效率低的企业劳动收入份额高（周明海等，2010）。

第五，相比于国有企业，私营企业和外资企业的劳动收入份额显著较低，这与已有文献发现的典型特征一致。白重恩等（2008）将其解释为国有企业肩负稳定就业的社会责任，而周明海等（2010）认为原因在于生产效率的差异。

第六，白重恩等（2008）发现，垄断程度与劳动收入份额负相关，我们却发现了相反的证据，垄断行业的劳动收入份额相对较高。产生差异的原因可能是，白重恩等（2008）在计算要素分配份额时没有考虑税收的情况，如果资本收入较高的企业也面临更高的税率，那么本章和白重恩等（2008）将会给出一致的结论。

表6-3通过使用不同的核心变量和不同的方程设定而进行稳健性检验。本章使用收入法增加值计算劳动收入份额，所得指标虽然在时间趋势上与文献中常用指标一致，但仍然存在数值差异。比如，为了进行国际比较，钱震杰和朱晓东（2013）在计算收入法增加值时进行了精细的调整，尤其是在劳动者报酬中加入了各类社会保障费用和三大费用中应记为劳动者报酬的部分，因此得到了略高于本章数值的劳动收入份额。本章无意进行跨国比较，因此省略了这一调整，这可能对研究结论产生一定的影响，因此我们从两方面进行稳健性检验。表6-3第（1）列使用生产法增加值计算的劳动收入份额作为因变量，得到了与基准回归完全一致的结果。第（2）列的劳动收入份额仍是根据收入法增加值计算的，但回归中额外控制了省份—行业—年份层面的固定效应。这是因为，本章在计算增加值时没有像钱震杰和朱晓东（2013）那样进行调整，虽然通过控制一系列企业特征及固定效应可以在很大程度上消除这方面的偏误，但如果社会保障费用与行业和地区相关，并随时间发生变化，仍然可能威胁估计结果的一致性。第（2）列结果显示，剔除了省份—行业—年份层面的影响仍然得到了相似的回归结果。通过使用不同的因变量和不同的模型设定，表6-3前两列有助于减轻我们对劳动收入份额指标的担忧。除了检验劳动收入份额的指标问题，第（2）列加入省份—行业—年份层面的固定效应，还可以部分地缓解其他遗漏变量问题。比如，

宽松货币政策、汇率低估等宏观经济因素,虽然企业固定效应和年份固定效应可以剔除它们带来的大部分影响,但不可否认这些宏观因素对不同地区或者不同行业会产生异质性影响。因此通过加入省份—行业—年份层面的固定效应,可以较好地减弱由此带来的偏误问题。

表6-3 稳健性检验

	因变量:劳动收入份额					平均工资	就业人数
	(1)	(2)	(3)	(4)	(5)	(6)	(7)
劳均负债	-0.068***	-0.068***				-0.018***	-0.005***
	(0.004)	(0.001)				(0.002)	(0.000)
劳均利息支出			-1.235***				
			(0.036)				
劳均负债(滞后一期)				-0.039***			
				(0.002)			
负债合计(对数)					-0.842***		
					(0.017)		
观测值	1939881	2356054	2307870	1723911	2361227	1907647	2356052
R^2	0.020	0.160	0.164	0.015	0.165	0.025	0.670

说明:所有回归控制了表6-2中的控制变量、企业固定效应和年份固定效应,第(2)列还控制了省份—行业—年份固定效应。括号内标准误群聚到企业层面。*、**和***分别表示在10%、5%和1%的水平上显著。

本章对负债的衡量也可能引起困惑。样本期间的贷款利率发生了多次变动,劳均负债的提高并不必然增加利息支出。虽然利息变动是全国统一的,但年份固定效应至多只能剔除部分影响,因为负债程度不同的企业受到的影响不同。不仅如此,企业间的贷款利率也存在很大差别(Cai and Liu,2009),国有企业、外资企业、高新技术企业等享有优惠利率。表6-3第(3)列使用劳均利息支出作为解释变量,回归系数仍在1%的水平上显著为负,进一步验证了企业负债对劳动收入份额的抑制作用。此外,上文通过控制尽可能多的变量来缓解遗漏变量偏误问题,但仍然存在反向因果的可能性。实际上,理论分析也指出,期初的负债直接关系到企业和工人之间的谈判能力及劳动收入份额。因此，我们也尝试使用滞后一期的劳均负债作为核心解释变量，回归结果报告在第（4）列。回归系数比使用同期数据时有所减小，但仍在 1% 的水平上显著，说明企业负债压低劳动收入份额的关系是稳健的。由于劳动收入份额和劳均负债的计算都包含工人数量这一变量，因此二者的负相关可能来自变量的构建方式①。这样，劳动收入份额和劳均负债的负相关仅是统计关系，而非经济关系。为了消除这一担心，我们使用负债合计（对数形式）而非劳均负债作为解释变量，回归结果报告在第（5）列。系数在 1% 的水平上显著为负，企业负债增加 1%，劳动收入份额降低 0.8 个百分点。因此，企业负债和劳动收入份额之间并非一种统计关系，而是存在内在的经济关联。

劳动收入份额的下降可能源自工资水平的下降，也可能是由于就业人数减少，或者二者的某种组合。根据理论分析，工资水平的下降应该是企业负债压低劳动收入份额的主要原因，而就业人数的变动方向比较模糊。我们据此使用从业人数和平均工资（对数形式表示，以增加值进行标准化）作为因变量进行分析，回归结果如表 6-3 最后两列所示。结果显示，劳均负债能够同时降低平均工资和就业人数。平均工资的下降与理论模型的预测一致，但是理论模型并未将就业人数的变化考虑在内，因此第（7）列的变化有待进一步深入研究。

文献中已经提出金融发展影响劳动收入份额的几个渠道，如金融发展可以通过优化融资环境，放松企业的融资约束，加快企业资本深化等来影响劳动收入份额（余玲铮、魏下海，2013）。如果考虑到上述渠道，本章指出的影响机制是否仍然存在？

首先，表 6-3 第（2）列的回归控制了省份—行业—年份层面的固定效应，而融资环境作为地区特征或者行业特征，其作用应该已经被固定效应吸收，因此不会造成干扰。此外，余玲铮和魏下海（2013）使用金融市场化指标衡量地区金融发展水平，这一指标会被省份—行业—年份层面的固定效应吸收。因此，即使排除融资环境的影响，企业负债与劳动收入份额的负相关关系仍然稳健。

---

① 劳动收入份额=人均工资×工人数量/工业增加值，劳均负债=总负债/工人数量，因此，实证结果中的负相关可能是因变量的分子和解释变量的分母均包含工人数量所致。

其次，罗长远和陈琳（2012）指出，融资约束会影响企业的劳动收入份额，工业企业数据库没有衡量融资约束的准确指标，我们使用两个代理变量：一个是罗长远和陈琳（2012）使用的负债资产率；另一个是陆正飞等（2010）使用的财务费用与当年负债余额的比值。表6-4前两列的回归结果显示，加入这两个融资约束的代理变量，劳均负债对劳动收入份额的影响仍然显著为负，甚至绝对值更大。这说明虽然金融发展可以通过放松融资约束影响劳动收入份额，但企业负债仍是重要的影响渠道。

表 6-4 竞争性假设

	因变量：劳动收入份额			
	（1）	（2）	（3）	（4）
劳均负债	−0.091*** (0.001)	−0.069*** (0.001)	−0.062*** (0.001)	−0.129*** (0.001)
负债资产比	0.034*** (0.001)			
财务费用		0.003 (0.002)		
资本劳动比	−4.143*** (0.031)	−4.320*** (0.030)	−0.584** (0.235)	
资本劳动比平方			−0.178*** (0.011)	
资本产出比				1.691*** (0.046)
资本产出比平方				−0.143*** (0.004)
观测值	2317595	2333468	2356054	2335067
R^2	0.169	0.166	0.166	0.152

说明：所有回归控制了表6-2中的控制变量、企业固定效应和年份固定效应。括号内标准误群聚到企业层面。*、**和***分别表示在10%、5%和1%的水平上显著。

最后，资本深化对劳动收入份额的影响已经被证实，而金融发展无疑加速了资本深化的过程。基准回归中已经控制了资本劳动比，因此部分地剔除了资本深化的影响。但资本深化对劳动收入份额的影响可能是非线性的，并且资本劳动比未必可以捕捉资本深化的整体效果。表6-4从两个方面进行改进：第（3）列加入资本劳动比的平方项以考虑非线性的影响，第（4）列使用资本产出比以从不同角度衡量资本深化的程度。劳均负债的系数仍然显著为负，说明企业通过负债压低劳动收入份额的这一渠道仍然稳健。综合以上讨论可知，虽然金融发展可以通过其他途径影响劳动收入份额，但即使剔除这些方面的作用，企业负债对劳动收入份额的负向影响并不会被削弱。

二、异质性分析

理论分析得到的假设2指出，企业负债降低劳动收入份额的作用存在多个维度的异质性，通过逐一考察这些异质性可以为检验企业负债与劳动收入份额的关系提供稳健性检验。我们首先关注不同所有制企业的差异。表6-5的前两列对国有企业和非国有企业分别回归①，结果显示，劳均负债对劳动收入份额的影响仍显著为负，说明不同所有制企业都会通过策略性负债来压低劳动收入份额。比较两列的系数大小可知，企业负债对劳动收入份额的抑制作用在非国有企业更强，这与假设2.1的预测一致。与私营企业的所有者相比，国有企业的管理层还面临稳定就业的社会责任，而对企业利润的关注较少（Bai et al.，2010），因而通过策略性负债来提高谈判地位的意愿更低。所以，企业负债与劳动收入份额的负相关关系在国有企业更弱。第（3）列进一步通过加入劳均负债和国有企业的交互项证明，劳均负债对劳动收入份额的影响在国有企业和非国有企业之间的差异是显著的。

假设2.2认为，企业负债对劳动收入份额的影响与企业的劳动密集程度相关：越是劳动密集的企业，企业家越难利用策略性负债来增强自己在劳资谈判中

---

① 理论分析并未指出私营企业和外资企业在这方面的差异，所以此处将这两类企业合并在一起与国有企业进行比较。第（2）列的结果显示，平均而言，外资企业劳动收入份额高于私营企业，这可能是因为外资企业一般比私营企业更加规范，更加关注劳动者权益。

的地位。对这一假设最直接的检验方法是根据资本劳动比分组回归，但考虑到资本劳动比不仅衡量了企业的劳动密集程度，而且包含了诸多其他方面的特征（如生产技术等），我们采用略微间接的方法给出证明。这一方法基于如下事实：轻工业和出口企业更加劳动密集（Lu，2010）。这样，通过加入劳均负债与轻工业或出口企业的交互项，我们可以使用表6-5的方法检验企业负债对劳动收入份额的影响在不同类别的企业间有何差别。表6-6结果显示，劳均负债对劳动收入份额的影响仍然显著为负，并且系数大小也与表6-2的基准分析非常接近。重点关注的两个交互项的系数都在1%的水平上显著为正，说明劳均负债与劳动收入份额的负相关关系在轻工业企业和出口企业较弱。具体而言，轻工业企业劳均负债对劳动收入份额的抑制作用比重工业企业弱15%（0.011÷0.073），出口企业比非出口企业弱8%（0.006÷0.07）。

表6-5　企业负债与劳动收入份额：所有制类型的影响

	因变量：劳动收入份额		
	国有企业	非国有企业	所有企业
	（1）	（2）	（3）
劳均负债	−0.044***	−0.072***	−0.071***
	（0.005）	（0.001）	（0.001）
劳均负债—国有企业			0.024***
			（0.003）
私营企业			−0.996***
			（0.104）
外资企业		0.314***	−0.683***
		（0.091）	（0.135）
观测值	258732	2097322	2356054
R^2	0.037	0.184	0.165

说明：所有回归控制了表6-2中的控制变量、企业固定效应和年份固定效应。括号内标准误群聚到企业层面。*、**和***分别表示在10%、5%和1%的水平上显著。

表6-6 企业负债与劳动收入份额：劳动密集度的影响

	因变量：劳动收入份额	
	(1)	(2)
劳均负债	−0.073*** (0.002)	−0.070*** (0.001)
劳均负债—轻工业	0.011*** (0.002)	
劳均负债—出口		0.006*** (0.002)
出口	0.379*** (0.051)	0.297*** (0.058)
轻工业	−0.068 (0.087)	
观测值	2318168	2356054
R^2	0.165	0.165

说明：所有回归控制了表6-2中的控制变量、企业固定效应和年份固定效应。括号内标准误群聚到企业层面。*、** 和 *** 分别表示在10%、5%和1%的水平上显著。

工会在劳资政策中具有重要的法定地位，《最低工资规定》赋予了工会监督最低工资规定执行的职权，而《劳动合同法》明确了工会在签订集体合同中的主体地位（李明、徐建炜，2014）。近年来的一些研究发现，中国的工会虽然在政府的监督下运转，但仍能切实改善劳动权益（姚洋、钟宁桦，2008；Yao and Zhong，2013）。根据假设2.3的预测，如果力量强大的工会能够阻止企业将负债作为谈判筹码，那么负债压低劳动收入份额的作用将会减弱，表6-7对此进行了检验。由于工业企业数据库仅2004年的数据报告了企业的工会情况，因此表6-7仅是对横截面数据的分析。为了避免遗漏重要变量造成估计偏误问题，回归不但控制了前面使用的变量，而且控制了城市、二位数行业和所有制等固定效应。①

---

① 本章发现有工会企业的劳动收入份额较高，这一结论与国外相关研究较为一致，如 Droucopoulos 和 Lianos（1992）、Fichtenbaum（2009；2011）等，但与魏下海等（2013）的研究结论相左。魏下海等（2013）认为，工会同时提高了企业的工资水平和劳动生产率，并且后者提高得更多，所以劳动收入份额较低。我们使用2004年的工业企业数据拟合魏下海等（2013）的回归，发现他们的逻辑并不适用于这一数据：有工会的企业平均工资高6.5%，但是劳动生产率却低2.8%，因此有工会的企业有着更高的劳动收入份额。考虑到工业企业数据库更能代表中国工业的整体情况，我们认为本章的分析更为符合现实。

表6-7 企业负债与劳动收入份额：工会力量

	因变量：劳动收入份额				
	全样本	有工会企业	无工会企业	全样本	全样本
	(1)	(2)	(3)	(4)	(5)
劳均负债	-0.155***	-0.149***	-0.158***	-0.163***	-0.160***
	(0.004)	(0.004)	(0.005)	(0.005)	(0.004)
工会				1.127***	
				(0.110)	
劳均负债—工会				0.017***	
				(0.005)	
工会人数					0.332***
					(0.024)
劳均负债—工会人数					0.002**
					(0.001)
观测值	244589	113933	130656	244589	244589
R^2	0.445	0.448	0.454	0.446	0.447

说明：所有回归控制了表6-2中的控制变量，以及城市、二位数行业和所有制固定效应。括号内标准误群聚到城市—二位数行业—所有制层面。*、**和***分别表示在10%、5%和1%的水平上显著。

表6-7第（1）列是对2004年数据的基准分析，回归系数在1%的水平上显著为负，但系数大小与表6-2使用面板数据时差别较大。这是因为，表6-2使用固定效应模型得到的系数是组内估计量，而表6-7利用的是企业间的差异。根据第（1）列的系数，劳均负债变动一个标准差（18.83），劳动收入份额变动2.91个百分点，相当于其标准差（21.72）的13.4%，因此解释能力与表6-2使用面板数据基本相当。第（2）列和第（3）列分别对有工会和没有工会的企业样本进行分析，回归系数虽然仍在1%的水平上显著为负，但系数大小存在差异。在没有工会的企业，劳均负债提高1万元，劳动收入份额下降0.15个百分点；而对于有工会的企业，同样的负债变化仅能使劳动收入份额下降0.158个百分点。第（4）列通过加入劳均负债与是否有工会的交互项证明，上述差距具有统计显著性，即劳均负债对无工会企业劳动收入份额的影响显著强于有工会的企业。这

样的差别不仅存在于有工会和没有工会的企业之间，也因工会人数而不同。第
（5）列的结果显示，工会人数越多，劳均负债对劳动收入份额的抑制作用越弱。
如果企业没有工会（工会人数为0），劳均负债提高1万元，劳动收入份额下降
0.16个百分点。随着工会人数的增加，劳均负债对劳动收入份额的影响力度在
下降：工会人数增加1%，影响力度下降1.2%（0.002÷0.16），可见这一弹性也
具有经济意义上的显著性。

　　最后转向不同债务类型对劳动收入份额的影响。在实证分析前，我们先关注
样本期间长期负债和流动负债（短期负债）的变动趋势。如图6-2所示，1998~
2008年，劳均流动负债从8.1万元提高至14.8万元，而劳均长期负债不仅没有
增长，反而从1.5万元下降至1.3万元。由此可见，劳均负债的变动主要是由流
动负债的变化引起的。与长期负债相比，流动负债由于在当期面临偿还的压力，
因而更有可能被企业家用作提升谈判地位的策略性工具。表6-8分别以劳均长期
负债和劳均流动负债作为核心解释变量进行回归，以此考察两类负债对劳动收入
份额的影响。不论使用全样本的面板数据［第（1）至第（2）列］，还是使用
2004年的横截面数据［第（4）至第（5）列］，两类劳均负债的系数都显著为
负，但流动负债压低劳动收入份额的能力更强。这是因为，首先，劳均流动负债
的系数（绝对值）更大，并且这一差距在统计上显著。其次，劳均流动负债的
变动（Variation）更大，其方差是劳均长期负债方差的4倍，因而如果同样变化
一个标准差，劳均流动负债对劳动收入份额的影响更大。最后，虽然劳均长期负
债的回归系数大多数时候显著为负，但考虑到其时间趋势是不断降低的，并且变
化幅度较小，可知长期负债对劳动收入份额变动的解释能力很弱。以上信息与假
设2.4的预测一致，由于流动负债与长期负债的性质不同，企业更有可能通过策
略性地增加流动负债来提高讨价还价的能力，压低劳动收入份额。为了进一步说
明这一点，表6-8第（3）列和第（6）列使用了劳均负债与流动负债比例的交
互项，其系数在1%的水平上显著为负，说明流动负债比例越高，劳均负债对劳
动收入份额的抑制作用越强，再次验证了假设2.4的预测。

表 6-8　企业负债与劳动收入份额：债务类型

	因变量：劳动收入份额					
	全样本			2004 年横截面数据		
	（1）	（2）	（3）	（4）	（5）	（6）
劳均长期负债	−0.063*** (0.005)			−0.163*** (0.017)		
劳均流动负债		−0.072*** (0.001)			−0.182*** (0.005)	
劳均负债			−0.064*** (0.005)			−0.085*** (0.007)
流动负债比例			0.243 (0.185)			0.670* (0.344)
劳均负债— 流动负债比例			−0.013*** (0.005)			−0.071*** (0.008)
观测值	2303497	2351849	2337111	130794	130449	2336836
R^2	0.165	0.165	0.166	0.442	0.454	0.413

说明：所有回归控制了表 6-2 中的控制变量。前三列还控制了企业固定效应和年份固定效应，括号内标准误群聚到企业层面；后三列还控制了城市、二位数行业和所有制固定效应，括号内标准误群聚到城市—二位数行业—所有制层面。*、**和***分别表示在 10%、5% 和 1% 的水平上显著。

第六节　结论

当前我国宏观经济面临着一些重要的挑战，"高杠杆"是一个突出的例子：全社会债务总额是 GDP 的两倍以上，杠杆率远远高于新兴市场国家的平均水平。"去杠杆"是防范系统性金融风险的基础工作，关系着我国能否打赢"防范化解重大风险"这一攻坚战，因此是当前研究的热点。然而，现有研究在关注高杠杆的增长和稳定效应时，忽略了过度负债会降低劳动收入份额，从而恶化收入分配格局。

本章借鉴公司金融、劳资关系等领域的思想，提出并检验了企业过度负债对劳动收入份额的影响。我们构建理论模型说明，企业家可以通过策略性负债改变自己在劳资谈判中的地位，抑制工人的利益诉求，最终压低劳动收入份额。理论模型还预测，负债对劳动收入份额的影响会因企业性质、行业特征、工会力量和债务类型而变化。本章基于工业企业数据库对理论模型推导出的假设进行检验，发现了有利的证据。1998~2008 年，不断攀升的劳均负债可以解释 10%~33% 的劳动收入份额下降，并且解释能力的异质性也符合理论模型的预测。金融发展有助于解释企业负债的提升，并最终导致劳动收入份额下降。

本章的研究不仅发现企业负债是影响劳动收入份额的重要因素，为劳动收入份额下降提供了新的解释，从而为收入分配理论做出贡献，而且具有重要的现实意义和政策含义。我国经济步入新常态以来，"高杠杆"潜在地威胁着经济稳定，因此"去杠杆"成为当前我国经济供给侧结构性改革的重点任务。本章研究为此提供了理论支持。"去杠杆"不仅可以减轻企业债务压力，降低企业债务破产风险及其带来的系统性风险，而且有助于提升劳动收入份额，减缓劳资收入不平等，短期内增强社会凝聚力，并提高长期增长潜力。

第七章 政策的力量
——减税政策与劳动收入份额

第一节 引 言

在经历了 30 年的快速增长以后，中国经济从 2008 年全球金融危机开始步入新阶段。为了适应经济新常态、引领经济新常态，跨越中等收入陷阱，供给侧结构性改革应运而生，成为中国经济工作的重要指导思想和重大战略举措（郭杰等，2016）。供给侧结构性改革引起理论界和政策界的广泛关注和深入讨论，但现有研究多关注供给侧结构性改革在长期经济发展和短期经济波动中的作用，而较少讨论供给侧结构性改革对收入分配的影响。本章以结构性减税对劳动收入份额的影响为例，尝试分析供给侧结构性改革的分配效应。之所以聚焦于结构性减税对劳动收入份额的影响，有以下两个方面的考虑。

首先，结构性税收调整是供给侧结构性改革的主要手段之一。供给侧结构性改革是从提高供给质量出发，用改革的办法推进结构调整，矫正要素配置扭曲，扩大有效供给，提高供给结构对需求变化的适应性和灵活性，提高全要素生产率，更好满足广大人民群众的需要，促进经济社会持续健康发展。当前阶段，供给侧结构性改革要抓好去产能、去库存、"去杠杆"、降成本、补短板"五大重点任务"；而完成这五大重点任务，需要实施积极的财政政策，对企业实行减税。[①] 当然，

---

① 引自《权威人士再论当前经济：供给侧结构性改革引领新常态》，具体内容请参见 http：// news. xinhuanet. com/fortune/2016-01/04/c_128591873. htm.

考虑到我国经济当前面临的主要是结构性问题，所以需要结构性的减税政策。本章要探讨的增值税转型，即增值税从生产型转变为消费型，经历了从试点到全国推广的过程。增值税转型在一些地区和行业进行试点，为理解结构性减税的分配效应提供良好的契机。

其次，近年来我国收入分配格局不断恶化，国家统计局公布的居民收入基尼系数长期以来高于国际警戒线 0.4。收入分配不均已经成为影响我国当前经济发展的重要问题，而最终的收入分配格局很大程度上是由国民收入初次分配决定的。国民收入初次分配包括劳动者报酬、资本所得和政府对生产环节直接征收的税收三个部分。在一个经济体中，如果国民收入中只有很小一部分由劳动者获得，难免导致社会最终分配的不均；相反，如果初次分配中劳动收入占比较高，社会最终收入分配格局就会相对公平。我国从 20 世纪 90 年代中期开始的劳动收入份额下降（白重恩、钱震杰，2009），很大程度上是收入差距不断扩大的主要原因。[1] 许多研究关注我国的劳动收入份额问题，因此，从劳动收入份额这一角度考察供给侧结构性改革的分配效应有着稳固的文献基础。

本章使用工业企业数据库的微观企业数据考察结构性减税对劳动收入份额的影响。我们首先利用双向固定效应模型，实证分析了企业增值税税率和劳动收入份额之间的关系，发现二者显著负相关。为了克服增值税税率的内生性问题，本章利用 2004 年在东北地区部分行业试点增值税转型改革案例，基于双重差分的基本思路，构建工具变量来识别增值税税率和劳动收入份额之间的因果关系。研究发现，减税显著提高了企业的劳动收入份额，企业的增值税税率降低 1 个百分点，企业的劳动收入份额提高约 1.5 个百分点。实证结果对于不同模型设定、不同子样本企业、不同控制变量的情况下都十分稳健。我们还根据企业所有制、所在地区以及是否为出口企业进行异质性分析，发现减税对劳动收入份额的影响在私营经济部门、中西部地区和内销企业中比在私营部门、东部地区和出口企业中更强，说明有针对性的结构性减税更有助于提高劳动收入份额，优化收入分配格

---

① 比如，北京师范大学的李实认为，过去 10 多年劳动收入份额不断下降，说明收入差距扩大主要发生在初次分配中。引自《专家建言：中国要在增长和分享之间寻求平衡》，具体内容请参见 http: // finance. people. com. cn/GB/1045/6180016. html。

局。另外，对影响机制的分析显示，减税激励企业进行固定资产投资，从而提高了劳动的生产效率，进而提高劳动收入份额。

与以往文献相比，本章的创新和贡献有以下三点。首先，本章使用工业企业数据库，首次利用增值税转型的外生冲击构造增值税税率的工具变量，识别了减税和劳动收入份额之间的因果效应，为理解劳动收入份额的动态演进提供了一个新的视角。其次，本章从微观企业层面分析企业增值税税率和劳动收入份额之间的关系，证明结构性减税有利于改善收入分配格局，并为理解增值税转型的分配效应提供了坚实的微观实证基础。最后，本章根据企业的所有制类型、所在地区、是否出口企业等进行异质性分析，指明减税对劳动收入份额的异质性影响，便于政策层提出更加精准的调控政策，从而更好地实施供给侧结构性改革。

本章的结构如下：第二节介绍增值税转型的政策背景，进而提出本章的实证策略。第三节介绍实证分析使用的数据和主要变量。第四节实证研究了减税对劳动收入份额的影响，并进行稳健性检验。第五节考察结构性减税影响劳动收入份额的异质性，并分析其具体的影响机制。第六节总结全文。

第二节　政策背景与实证策略

一、增值税转型

Lin（2008）回顾了增值税在中国的演进。中国于 1979 年开始征收增值税，2010 年已占财政收入的 21.8%，成为我国最重要的税种。自从 1994 年分税制改革将增值税作为中央政府和地方政府的共享税以来，中国的增值税一直是生产型的。在生产型增值税税制下，企业增值税等于销项税额减去进项税额，进项税额中只能扣除属于非固定资产项目的生产资料的税款，而不允许扣除固定资产价值中所含有的税款。生产型增值税因进项税额扣除范围较小，税基较大，可以保证政府的财政收入。但在实施过程中其弊端日益暴露：第一，企业购进固定资产所含的税款不予抵扣，不利于鼓励固定资产投资；第二，生产型增值税加重了企业机器设备购置成本，抑制了企业技术改造和设备更新的积极性，不利于基础产业和资本、技术密集型产业的发展。因此，在经济发展的新背景下，需要对增值税进行改革，将其从生产型增值税转为消费型增值税：消费型增值税在核算增值税时，允许企业将购置的固定资产和其他中间投入品一样一次性全部扣除，从而大幅度降低了企业投资固定资产的成本，有利于企业进行设备更新改造。

2004 年，财政部、国家税务总局发文《东北地区扩大增值税抵扣范围若干问题的规定》，正式启动增值税转型，黑龙江、吉林、辽宁和大连从事装备制造业、石油化工业、冶金业、船舶制造业、汽车制造业、农产品加工业产品生产为主的增值税一般纳税人于 2004 年 7 月 1 日开始，可以在进项税额中扣除外购固定资产所包含的税款。随后，东北地区改革试点行业中又增加了军品工业和高新技术产业。总体来说，东北地区八大行业率先由生产型增值税转变为消费型增值税。其后，2007 年 7 月 1 日起，财政部和国税总局将试点范围扩大到中部六省 26 个老工业基地城市的电力、采掘等八大行业；2008 年 7 月 1 日，又将试点地区推广到内蒙古东部五个盟市和四川汶川地震受灾严重地区，试点行业与东北地区基本一致。自 2009 年 1 月 1 日起，增值税转型进行最后一次"扩围"，我国所有地区（限定发展以外的）、所有行业都由生产型增值税转为消费型增值税。

近年来，国内许多研究者评估了增值税转型对企业行为和绩效的影响，最早受到关注的是企业的投资和就业。聂辉华等（2009）利用 2004 年开始在东北地区实行的增值税转型政策具有的"自然实验"性质，较早地评估了增值税转型对企业投资和雇佣行为的影响。基于工业企业数据库，他们使用面板双重差分模型发现，增值税转型显著地促进了企业的固定资产投资，而且提高了企业的资本劳动比和生产率，但显著地挤出了就业，因为企业通过资本替代劳动的方式提高企业效率。近年来，诸多学者不断推进这方面的研究，如 Chen 等（2017）、Cai 和 Harrison（2011）。与以上的实证研究不同，陈烨等（2010）结合我国的特殊国情、要素市场和宏观经济形势，设置了一个凯恩斯和剩余劳动力状况下的宏观闭合的 CGE 模型，通过数值模拟发现增值税转型可能会造成数以百万计的新增失业。

税收激励对企业的影响不止于固定资产投资和就业，研究者也关注增值税转型的其他影响，如企业价值（博传锐，2015）、生产效率（陈丽霖、廖恒，2013）、出口（Liu and Lu，2015）等。本章以增值税转型为例，分析结构性减税对劳动收入份额的影响，为理解供给侧结构性改革的分配效应提供实证基础。

二、实证策略

本章考察减税如何影响劳动收入份额，以期从一个具体的切入点来分析供给侧结构性改革对初次分配的影响。具体地，基准回归使用如下所示的双向固定效应模型：

$$LS_{it} = \alpha + \beta \times VATRate_{it} + X_{it} \times \gamma + W_{jc} \times \lambda + firm_i + year_t + \mu_{it} \qquad (7-1)$$

其中，LS_{it} 指企业 i 在 t 年的劳动收入份额，$VATRate_{it}$ 指企业 i 在 t 年的增值税税率。X_{it} 是一系列企业层面的控制变量，W_{jc} 是一系列城市-行业层面的控制变量，其中 j 和 c 分别表示企业 i 所属行业和所在地区，这些控制变量用来剔除其他因素对劳动收入份额的影响。$firm_i$ 是企业固定效应，用以剔除企业层面不随时间变化（time invariant）的不可观测因素（企业家才能、企业文化、政企关系等）的影响。$year_t$ 是年份固定效应，用来剔除特定年份同时影响所有企业的宏观经济波动和政策变化的影响。我们关注的核心系数 β，衡量增值税税率对劳动收入份额的影响。

然而，因为增值税税率的内生性，使用固定效应模型估计的结果可能并不是一致的。首先，可能存在某些同时影响增值税税率和劳动收入份额的因素干扰估计结果，导致我们估计的系数捕捉到的可能是这些遗漏变量和劳动收入份额之间的因果效应。其次，劳动收入份额高的企业有可能更易得到政府税收减免政策的扶持，导致增值税税率的回归系数被高估。最后，增值税税率的度量可能存在测量误差，导致衰减偏误。以上三点，即遗漏变量、联立性偏误和测量误差是造成增值税税率内生性的三大来源。为了解决内生性问题，我们需要为增值税税率寻找一个有效的工具变量。合格的工具变量需要满足"相关性条件"和"外生性条件"。相关性条件要求工具变量和内生变量相关；外生性条件要求构建的工具变量只通过增值税税率这个内生变量来影响劳动收入份额，而不直接对劳动收入份额产生影响。和内生变量紧密相关的外生政策变化是研究者们构造工具变量的重要来源，因为政策变化是政府外生决定的，而不是企业自身选择的，因而能很好地满足外生性条件。本章正是利用2004年增值税转型在部分地区部分行业的推广实施，基于双重差分的基本思路，构建工具变量来识别增值税税率和劳动收入份额之间的因果关系。

本章利用政策的外生冲击构造工具变量，需要考虑的是改革能否满足"相关性条件"，即改革是否降低了企业的增值税税率。2004年，增值税转型改革在东北地区八大行业的启动，天然为我们产生了双重差分模型中的"实验组"和"对照组"，因此，我们基于双重差分模型分析增值税转型改革对企业增值税税率的影响。我们按照如下规则生成改革（Reform）虚拟变量：如果企业在改革地区的改革行业（实验组），且时间维度上处于2004年以后，则 $Reform = 1$，即这些企业受到改革影响；否则，企业不受改革影响，改革虚拟变量（$Reform$）$= 0$。这样，改革虚拟变量的系数即可衡量增值税转型的效果。[①] 所以我们估计如下方程，以评估增值税转型的减税效应：

$$VATRate_{it} = \tau + \eta \times Reform_{it} + X_{it} \times \gamma + firm_i + year_t + e_{it} \qquad (7-2)$$

其中，$VATRate_{it}$ 为企业 i 在 t 年的增值税税率，$Reform_{it}$ 是衡量企业 i 是否受到政策影响的虚拟变量。值得注意的是，$Reform_{it}$ 本质上表示处理组的虚拟变量和表示事后的虚拟变量的交互项，这两个虚拟变量已经分别被企业固定效应和年份固定效应吸收。表7-1的第（1）列报告的结果显示，增值税转型使企业的增值税税率降低了0.4个百分点，约为平均税率的11.6%，可见改革降低增值税税率的效果是十分明显的。

企业增值税税率的降低确实是增值税改革带来的效果吗？针对这一问题，本章提供了以下检验。双重差分模型要求实验组和对照组具有"平行时间趋势"，如果实验组和对照组不满足"平行时间趋势"假设，那么两组之间增值税税率的差异可能是由其他随时间变化的因素造成的。本章基于以下的反事实分析进行

---

① 值得注意的是，双重差分模型中表示处理组的虚拟变量和表示事后的虚拟变量分别被企业固定效应和年份固定效应吸收，所以仅保留了二者的交互项，即改革虚拟变量。

表 7-1 增值税转型改革对增值税税率的影响

	因变量：增值税税率	
	改革发生在 2004 年	假设改革发生在 2003 年
	（1）	（2）
改革效果	−0.396***	0.019
	（0.062）	（0.043）
观测值	621958	301742
R^2	0.008	0.005

说明：数据和变量定义请参见下节。所有回归包括控制变量、企业和年份固定效应，限于篇幅未能报告。括号中的标准误群聚到省份—二位数行业层面。***表示在1%的水平上显著。

平行趋势检验：假设改革发生在 2003 年。如果表 7-1 第（1）列的效果是由实验组和对照组之间的异质性时间趋势造成的，那么假设改革发生在 2003 年，双重差分的结果应该显著为负。表 7-1 第（2）列是反事实分析的结果，改革的系数在统计上不能显著异于零，这可以证明实验组和对照组满足平行时间趋势假设，改革确实有效降低了企业的增值税税率。

增值税改革对于不同税负水平的企业具有异质性影响，初始增值税税负负担较重的企业在改革中受益更多。因此，为了提高工具变量的相关性，我们在构造工具变量时考虑了企业初始的增值税税率，即工具变量 Z_{it} = Reform × VATRate2003，其中，VATRate2003 表示 2003 年的增值税税率，表示企业期初税负水平。因此，一阶段回归方程如下：

$$VATRate_{it} = \tau + \eta \times Z_{it} + X_{it} \times \gamma + firm_i + year_t + e_{it} \tag{7-3}$$

我们构建的工具变量很好地满足了相关性条件和外生性条件。首先，期初增值税税负水平越高的企业，受到改革影响越大，减税效果越明显，因此，工具变量 Z_{it} 和内生变量增值税税率之间满足相关性，我们在后文的实证分析中证实了这一点。其次，我们认为增值税改革政策是政府选择地区和行业进行试点实施的，而不是企业自身决定的，所以改革对企业劳动收入份额而言是外生冲击，即改革只通过影响增值税税率来影响劳动收入份额。企业期初的增值税税率对后续年份的劳动收入份额而言，一定程度上具有外生性，但它可能受到某些企业、行业层面不可观测因素的影响，进而影响后期的劳动收入份额。比如，资本、技术密集型产业的企业由于技术改造和设备升级，期初增值税税率较高，而由于资本、技术的密集使用，这些企业的劳动收入份额本身较低，可能导致期初增值税税率具有内生性。我们在回归中控制了企业固定效应，稳健性检验中还加入了行业异质性趋势，以解决期初增值税税率可能造成的内生性问题。

第三节　数据和变量

本章的核心解释变量是企业的增值税税率。虽然法定的增值税税率是根据企业增加值计算的，但文献指出，用应缴增值税与工业销售产值的比值计算实际的增值税税率，更能反映企业面临的真实税负水平（Cai and Harrison，2011；申广军等，2016），因此本章也使用这一计算方法。

由于工业企业数据库每年都有新进入的企业和退出的企业，所以我们使用的是非平衡面板数据。如果新进入企业或者退出企业和一直存续的企业在核心特征上存在显著差别，就可能会影响回归结果的一致性。为了克服这一潜在的问题，我们对存续企业和非存续企业（包括新进入企业和将退出企业）进行 t 检验，对比显示，非存续企业的劳动收入份额更高，而增值税税率略低，但两组企业在差别统计上并不显著。因此，初步对比说明使用非平衡面板数据进行分析并不会造成估计偏误，后文的稳健性检验也将继续关注这个问题。

现有研究表明，影响劳动收入份额的因素很多，如果在实证研究中不控制这些影响因素，会导致遗漏变量偏误，危害回归估计的一致性。

第一，在企业层面，我们控制了企业规模（用企业固定资产总额的对数表示）、企业年龄（用年龄的对数表示）、盈利能力（用企业的资产收益率作为代理指标）等变量，以往的相关研究都表明这些因素会影响劳动收入份额，此处不再赘述。

第二，我们还控制了企业的全要素生产率（TFP）和资本劳动比以表征技术进步的影响，因为生产技术的进步及其进步的方向都会对要素收入份额产生重要影响（Acemoglu，2003；张莉等，2012）。

第三，罗长远和陈琳（2012）研究指出，面临融资约束的私营企业通过信贷获得流动资本的能力受限，它们倾向于减少雇佣劳动力或者降低工人工资，最终导致劳动收入份额显著下降。本章借鉴申广军等（2016）的做法，使用单位负债的财务费用（财务费用和负债余额之比）作为代理变量来控制企业的融资成本。此外，较高的资产负债率意味着企业更有能力获取外部融资，因此我们也控制了资产负债率。

第四，白重恩等（2008）基于工业企业调查数据，发现产品市场垄断程度对资本收入份额有显著影响，垄断能力越高，资本收入份额越高，劳动收入份额越低。因此，我们在城市-行业层面控制了企业所在城市所属行业的赫芬达尔-赫希曼指数（HHI）。此外，经济全球化进程也影响着要素收入分配的格局。罗长远和张军（2009）认为，全球化主要从资本流动和对外贸易两个维度影响劳动收入份额：资本流动通过削弱劳动者谈判力量进而降低劳动收入份额；对外贸易导致偏向性技术进步进而对劳动收入份额产生影响。现有文献大都考虑了外商直接投资的影响，因此我们也控制了企业实收资本中外商和港澳台资本的比例（外资比例）。结合我国多年来出口导向型的经济发展模式，本章重点控制了衡量对外贸易的变量。在企业层面，我们加入了代表企业是否出口的虚拟变量，以及企业的出口密度（定义为出口交货值和工业销售产值的比例）；在城市-行业层面，我们加入出口额占比这一变量来衡量开放程度。

第五，白重恩等（2008）研究表明，国有企业和非国有企业的劳动收入份额存在显著差异，因此，我们在企业层面控制企业是否国企的虚拟变量。考虑到企业之间在劳动力市场的竞争关系，如果某一城市的某个行业内国有企业雇佣了较大比例的工人，可能抬高城市-行业内非国企的劳动收入份额，因此我们在城市-行业层面构建了国企从业人员比例作为代理变量来控制这一影响。主要变量的描述性统计量如表7-2所示。

表 7-2 主要变量描述性统计

变量	观测值	均值	标准差	最小值	最大值
劳动收入份额（%）	753021	42.39	21.74	0.01	100.00
增值税税率（%）	739812	3.41	2.96	0	15.11
企业规模	737965	8.41	1.62	2.40	13.07
企业年龄	745856	2.01	0.86	0	3.97
盈利能力（%）	734861	7.86	13.87	-20.62	90.57
资本劳动比	732927	10.76	1.25	6.93	14.06
财务费用	729733	0.03	0.06	-0.02	0.67
资产负债率（%）	734860	56.28	26.96	0.59	139.04
TFP	689173	3.15	1.11	-0.76	5.97
外资比例	741529	0.15	0.34	0	1
出口密度	747637	0.16	0.33	0	1
是否国企	753021	0.07	0.25	0	1
是否出口	753021	0.27	0.44	0	1
HHI	738653	0.11	0.14	0	0.85
开放程度	745390	0.19	0.21	0	0.84
国企份额	745476	0.10	0.18	0	0.93

<h1 style="text-align:center">第四节　数据分析</h1>

一、基准回归

我们首先使用工业企业数据库 2003 年、2005 年、2006 年的数据估计方程 (7-1)，得到基准回归的结果如表 7-3 所示。

其中，第（1）列没有添加控制变量，回归结果表明企业的增值税税率和劳动收入份额显著负相关：税率降低 1 个百分点，劳动收入份额提高 1.53 个百分点，系数在 1% 的水平上具有统计显著性。第（2）列控制了一系列企业层面的变量，第（3）列添加了城市-行业层面的控制变量，以减轻遗漏变量问题对估计结果一致性的危害。加入控制变量后，增值税税率对劳动收入份额的影响有所减弱：税率降低 1 个百分点，劳动收入份额提高 1.47 个百分点，并且这一结果仍在 1%水平上统计显著，说明企业层面和城市-行业层面遗漏变量问题导致减税的作用被高估，但这一差别并不明显。

表 7-3 基准回归：固定效应模型

	因变量：劳动收入份额		
	(1)	(2)	(3)
增值税税率	−1.529*** (0.027)	−1.457*** (0.023)	−1.467*** (0.024)
企业层面控制变量		控制	控制
城市-行业层面控制变量			控制
观测值	739796	622855	601315
R^2	0.042	0.221	0.224

注：企业层面控制变量包括企业规模、年龄、盈利能力、TFP、融资成本、资产负债率、是否出口企业、出口比例、外资比例、是否国企；城市-行业层面控制变量包括市场垄断程度、开放程度、国企比例。所有回归控制了企业固定效应和年份固定效应。括号中的标准误群聚到省份—二位数行业层面。*** 表示在 1%的水平上显著。如无特别说明，以下各表相同。

在控制变量方面，企业规模与劳动收入份额呈负相关，可能是由于大企业更多地使用资本密集型的技术导致的。盈利能力较强的企业劳动收入份额较低，反映了资本所有者从企业增长中获得更多的利益（我们使用资产收益率衡量盈利能力）。与既有文献的发现一致，全要素生产率、资本劳动比越高的企业，收入分配越向资本倾斜，进一步证实了生产技术的进步及进步的方向在劳动收入份额变动中的作用（张莉等，2012）。融资约束与劳动收入份额的关系比较复杂：劳动收入份额不仅与融资成本正相关，也与资产负债率正相关。这可能是因为我国企业普遍面临着融资约束问题，所以能否借到钱比以多高的成本借到钱更能衡量企业面临的融资约束（Cai and Liu，2009），因而表 7-3 说明了融资约束不利于企业提高劳动收入份额。此外，出口企业的劳动收入份额较高，但出口密度和出口密度的影响并不显著。与周明海等（2010）和白重恩等（2008）一致，我们发现国有企业有着更高的劳动收入份额，但并未发现市场垄断程度对劳动收入份额有稳健的影响，因而需要更细致的研究。另外，国企份额的系数虽然为正，但统计上并不显著，说明劳动收入份额的差异主要体现在国企和私企之间，而非国企份额不同的城市-行业之间。这暗示国企劳动力市场和私企劳动力市场还存在一定程度的隔离，背后的原因可能是制度性的，也可能是劳动者个人特征使他们在国企和私企之间有着明显不同的偏好。

二、工具变量分析

前文实证策略部分讨论了增值税税率可能存在的内生性问题。首先，在基准回归中，我们控制了企业固定效应和年份固定效应，但仍然存在企业层面随时间变动或者时间层面随企业变化的遗漏变量。如企业的异质性趋势，政府针对特定行业的扶持政策等因素都会干扰估计结果。其次，联立性偏误问题也可能存在，劳动收入份额高的企业可能本身属于劳动密集型产业，资本要素使用相对较少，政府可能更倾向于向这些企业实施减税政策，鼓励投资。最后，根据工业企业数据库计算的企业增值税税率也可能存在测量误差问题。因此，如前文所述，我们构建 $Z_{it} = Reform \times VATRate2003$ 作为增值税税率的工具变量。

一阶段回归的方程（7-2）用来估计改革对不同税负水平企业的异质性减税效应，核心系数 η 表示改革使企业增值税税率下降的幅度，我们预计 η 为负，即初始税负较重的企业受改革影响越大，其增值税税率降低越明显。表7-4的Panel A 是一阶段的回归结果，各列和固定效应模型基准回归（见表7-3）的每列相对应。首先，工具变量的系数在1%水平上统计显著，且 F 值远远大于经验法则所要求的10，说明我们构建的工具变量和内生变量之间很好地满足相关性条件，即不存在弱工具变量问题。其次，和我们的预期一致，回归系数显著为负，说明初始税率越高的企业，由增值税转型导致的减税幅度越大。Panel B 报告的简约式回归结果表明改革使企业劳动收入份额上升，显著为正的系数说明改革前增值税税率越高的企业，改革后劳动收入份额上升的越多。

表7-4 工具变量一阶段回归和简约式回归

Panel A：一阶段回归结果	因变量：增值税税率		
Z	-0.265***	-0.257***	-0.254***
	(0.013)	(0.015)	(0.015)
Panel B：简约式回归结果	因变量：劳动收入份额		
Z	0.234***	0.140***	0.121**
	(0.058)	(0.053)	(0.051)
企业层面控制变量		控制	控制
城市-行业层面控制变量			控制
观测值	627060	502949	481526

注：**和***分别表示在5%和10%的水平上显著。

表7-5是使用Z_{it}作为工具变量识别增值税税率如何影响劳动收入份额的回归结果。和固定效应模型的结果一致，增值税税率降低使得企业劳动收入份额显著上升，且结果在1%水平上统计显著。但是，两阶段最小二乘法得到的回归系数的绝对值较小，也就是说，增值税税率的内生性问题高估了减税对劳动收入份额的影响。从表7-5可以看出，未加入控制变量时［第（1）列］，VATRate的系数为-0.88，即增值税税率降低1个百分点，劳动收入份额提高0.88个百分点；当控制企业层面和城市-行业层面控制变量时［第（3）列］，系数变为-0.48，即增值税税率降低1个百分点，劳动收入份额提高0.48个百分点，这一效果约为固定效应模型中的1/3，但仍具有经济意义和统计上的显著性，说明减税和劳动收入份额提高之间具有因果联系。

表7-5 两阶段最小二乘法估计结果

	因变量：劳动收入份额		
	（1）	（2）	（3）
增值税税率	-0.882***	-0.544***	-0.477**
	(0.203)	(0.194)	(0.191)
企业层面控制变量		控制	控制
城市-行业层面控制变量			控制
观测值	627060	502949	481526

注：**和***分别表示在5%和10%的水平上显著。

三、稳健性检验

前文的实证分析中，我们得到了减税能够提高企业劳动收入份额的初步结论。接下来针对一些潜在问题，我们进一步做稳健性检验。由于我们使用的数据是三年的非平衡面板数据，可能存在一些企业为了东北地区的税收优惠政策而选择在2004年以后迁移到东三省，从而产生样本选择问题，导致结果被高估（聂辉华等，2009）：比如，新进入的企业建立初期就面临较低的税收负担，在其他成本不变的前提下，企业有更大空间提高工人工资，从而导致更高的劳动收入份额。因此，为解决企业的自主迁移产生的样本选择问题，我们使用三年都存在的企业样本，即平衡面板数据进行工具变量回归，结果如表7-6第（1）列所示。结果显示，系数的大小和统计显著性都十分接近全样本，因此可以消除样本选择问题带来的顾虑。此外，使用平衡面板数据还有助于处理另一个问题：在非平衡面板中，如果新进入企业或者退出企业和存续企业在核心特征上有显著性差别，就会造成估计偏误。虽然前文我们已经发现两类企业的劳动收入份额和增值税税率并没有显著差别，但表7-6第（1）列的回归分析可以进一步验证结果的稳健性。

一个问题是增值税转型自身的内生性问题。虽然改革是由政府选择地区、行业试点实施，但政府之所以会选择东北地区的装备制造业、石油化工业、冶金业等八大行业进行试点，可能和某些地区、行业层面不可观测的特征相关。由于无法了解中央政府选择这些地区和行业进行试点的政治决策过程，本章提供了一种方法进行检验。虽然东北地区八大行业的企业样本在2004年增值税转型改革后成为DID模型中"实验组"，但该地区其他行业的企业样本在改革后进入"对照组"，因此地区层面不可观测的特征不会影响同一地区企业样本的DID估计结果。表7-6第（2）列对东北试点地区的样本企业进行分析，结果显示系数显著为负，并且影响力度更大，说明试点选取过程中即使有一些非随机因素，这些因素也倾向于低估而不是高估增值税转型对劳动收入份额的影响。同理，考虑到行业特征对估计结果的干扰，表7-6第（3）列也提供了一个类似的检验，即对已改革行业的企业样本进行回归，结果仍然和全样本的基准回归高度一致，说明行业特征对估计结果的一致性没有构成明显的威胁。

一个潜在的问题是，双重差分模型要求"实验组"和"对照组"具有平行趋势，不然会有行业或地区层面的异质性趋势影响劳动收入份额的动态演变，使得基于双重差分模型的工具变量失效。比如，政府可能制定产业政策以鼓励扶持特定行业的发展，导致这些特定行业随时间变化的趋势不同于其他行业。另外，2003年"非典"疫情席卷全国，势必对各行各业的发展产生负面影响，如果这种外生冲击因地区、行业而异（事实正是如此），那么异质性时间趋势的问题就会干扰前文的分析。为了克服类似的问题，我们在回归中加入了行业层面的异质性时间趋势进行回归，表7-6第（4）列的结果显示，增值税税率对劳动收入份额的影响仍然十分稳健。类似地，为了排除省份层面随时间变化因素的影响，比如，国家西部大开发、东部崛起等针对不同地区的发展战略可能会混淆我们对因果关系的识别，表7-6第（5）列加入了省份的异质性时间趋势，第（6）列同时加入了行业和省份的异质性趋势，回归系数都在1%的水平上显著为负，说明减税可以提高企业的劳动收入份额。同时也应注意到，每当回归更多地控制地区特征时〔包括第（2）列、第（5）至第（6）列〕，回归系数的绝对值更大，说明地区间的异质性更可能导致我们低估减税的影响，这可能是由于地区间产业结构差异、发展阶段不同导致的。

增值税转型试点不仅涉及前文提到的八大类行业，也包括军工企业和高新技术企业。然而，工业企业数据库提供的信息并不足以识别军工企业和高新技术企业，从而可能将其错误地放入控制组。虽然我们知道这两类企业数量并不多，但仍可能对回归分析造成干扰。为了剔除这两类企业的影响，我们使用了没有研发支出的非国有企业样本：军工企业绝大多数是国有企业，而高新技术企业的认定有研发支出比例的要求。所以，使用研发支出为零的非国有企业样本，最大限度地剔除了军工企业和高新技术企业的影响。回归结果如表7-6第（7）列所示，系数虽然有所减小，但仍显著为负，说明增值税转型带来的减税提高了企业的劳动收入份额。

表 7-6　稳健性检验

	平衡面板样本	已改革地区样本	已改革行业样本	加入行业异质性趋势	加入省份异质性趋势	加入省份和行业异质性趋势	没有研发支出的非国有企业
	(1)	(2)	(3)	(4)	(5)	(6)	(7)
增值税税率	-0.532***	-1.520***	-0.479**	-0.524***	-1.278***	-1.270***	-0.347*
	(0.199)	(0.181)	(0.196)	(0.185)	(0.177)	(0.173)	(0.181)
观测值	303184	26871	363567	481526	481299	481299	404038
R^2	0.211	0.221	0.208	0.209	0.225	0.226	0.208

注：*、**和***分别表示在10%、5%和1%的水平上显著。

第五节　异质性分析和影响机制

一、异质性分析

供给侧结构性改革，不仅强调供给侧，而且强调经济结构，因为不同类型的"供给侧"面临的问题、解决的方案都有差异，因此对异质性的分析显得更加重要。本节从企业所有制、所在地区、是否为出口企业三个不同维度分析减税效应的异质性。由于不同种类企业改革前的税负水平和劳动收入份额不同，且面临着不同政策环境和发展形势，因此增值税转型改革带来的减税对劳动收入份额的影响在不同类型企业间必然存在差异。此外，为了缓解中国多年来劳动收入下降的趋势，调节社会公平，我们需要精确地知道减税对哪些企业的影响更大，以提出更准确、更成本有效的调控政策。

首先，我们按照所有制将企业划分为国有企业和私营企业（包括外资企业）。表7-7前两列的回归结果显示，增值税税率的符号都是负的，但对国有企业劳动收入份额的影响并不显著，只是可以显著提高私营企业的劳动收入份额。一方面，国有企业的劳动收入份额大幅度高于私营企业（周明海等，2010），继续提高带来的成本压力较大；另一方面，因为国有企业的工资机制更为固化，不像私营企业那样可以快速对生产要素的变动做出反应，因此调整成本也决定了减税对劳动收入份额的影响在国企和私企之间存在较强的异质性。此外，还有一个可能的原因是，国有企业更多地享有各种税收优惠，因此增值税转型的冲击对国有企业更弱，所以对其劳动收入份额的影响也并不显著。总之，前两列的结果显示，私营企业对减税的反应更加灵敏。

表 7-7　异质性分析

	国有企业	私营企业	东部地区	中部地区	西部地区	内销企业	出口企业
	（1）	（2）	（3）	（4）	（5）	（6）	（7）
增值税税率	-1.379	-0.487**	-0.385*	-0.742***	-1.322***	-0.525**	-0.568
	(0.970)	(0.224)	(0.201)	(0.189)	(0.182)	(0.218)	(0.575)
观测值	19125	360498	373218	97950	63904	327091	122957
R^2	0.089	0.216	0.213	0.199	0.197	0.205	0.210

注：分地区回归中均包括东北地区已改革样本，以保留实验组。其他同表 7-3。*、** 和 *** 分别表示在 10%、5% 和 1% 的水平上显著。

其次，按照所在地区将企业划分为东部企业、西部企业和中部企业［见表 7-7 的第（3）至第（5）列］，我们发现，减税可以提高企业劳动收入份额的基本结论在三个地区都成立，回归结果十分稳健，但对西部地区企业的影响最大，对东部地区的影响最小。东部地区企业对减税的反应不如中部、西部地区企业灵敏，劳动收入份额上升的幅度稍小于中部、西部地区企业。这反映了三大地区经济结构和市场化程度的差异：东部地区市场化程度较高，有大量私营企业，包括一些劳动密集型产业；西部地区市场化程度较弱，且主要以大型国有企业为主，尤其是较多政策支持的资本密集型企业；中部地区各方面都在东部和西部地区之间。与受到增值税转型影响的企业相比，东部地区的私营企业，一方面劳动收入份额本来就比较低；另一方面它们不需要进行大量固定资产投资，所以受到的影响较小，而西部地区则与此相反。

最后，表 7-7 第（6）列、第（7）列比较了税率降低对出口企业和非出口企业的异质性影响：增值税税率降低使非出口企业劳动收入份额显著提高，而对于出口企业而言，这种影响并不显著。我们认为这和出口企业本身享有的税收优惠政策有关。由于出口企业享受增值税出口退税，因此本轮增值税转型改革使这些企业税率进一步下降的幅度较小，对劳动收入份额的提升作用不那么明显了。综上所述，减税对劳动收入份额的影响在不同类型的企业之间存在巨大差异，可见，要改善劳动收入分配状况，需要结构性的减税政策与之匹配。

二、机制分析

通过前文的实证分析，我们可以确信增值税转型带来的减税可以提高企业的劳动收入份额。那么，更进一步地，这种影响是通过怎样的机制实现的呢？为了厘清减税提高劳动收入份额的机制，本章将劳动收入份额表示为：

$$劳动收入份额 = \frac{劳动者报酬}{增加值} = \frac{劳动者报酬/从业人数}{增加值/从业人数} = \frac{劳均报酬}{劳均增加值} \times 100\%$$

由上式可知，劳动收入份额的变化是由劳均报酬和劳均增加值的变化方向及幅度不同引起的。劳动收入份额的上升，必是由于劳均报酬的增长速度高于劳均增加值的增长速度，或者劳均报酬的降低速度低于劳均增加值的降低速度，或者二者的线性组合。因此，我们可以分别检验减税对劳均报酬和劳均增加值的影响。

表 7-8 是回归结果，其中因变量分别为劳均报酬和劳均增加值的对数。回归结果显示，企业的增值税税率降低 1 个百分点，劳均报酬提高 3.62%，系数在 1% 的水平上显著，而劳均增加值仅增加 1.68%，并且系数没有统计显著性。因此，减税虽然没有显著提高劳均增加值，但大幅度提高了劳均报酬，因此必定提高劳动收入份额。

表 7-8　机制分析

	劳均报酬（对数）	劳均增加值（对数）	固定资产投资率
	（1）	（2）	（3）
增值税税率	-0.0362*** (0.0125)	-0.0168 (0.0115)	-0.141*** (0.027)
观测值	511660	513549	501144
R^2	0.135	0.238	0.175

随之而来的问题是，减税何以提高劳均报酬？一个合理的猜测是增值税从生产型转变为消费型，使得固定资产投资可以抵扣增值税，政策的出发点是鼓励固定资产投资。因此，现有文献指出，增值税转型确实提高了企业投资固定资产的积极性（聂辉华等，2009；Chen et al.，2017；申广军等，2016），并且企业投资结构也在改善，企业主要增加机器设备类的投资而非厂房建筑类投资（汪德华，2016）。我们使用工业企业数据库进行了简单分析，发现与现有文献一致，增值税降低 1 个百分点，固定资产投资率提高 0.141 个百分点，系数在 1%的水平上显著。更多的固定资产投资意味着劳动的边际生产力提高，从而劳均报酬提高，所以观察到较高的劳动收入份额。

第六节 结论

近年来，收入分配不均已经成为我国面临的严峻的经济社会问题，其中，初次分配中劳动收入份额下降被认为是国民收入分配失衡较重要的原因之一。不断扩大的收入差距，不利于社会公平的实现，更会导致居民消费增长乏力、内需不足，从而阻碍经济结构转型和可持续发展。那么，我国正在推进的供给侧结构性改革是否有利于改善收入分配格局呢？供给侧结构性改革是一个庞大的体系，降成本是其中一个方面，而结构性减税是降成本的重要工具，因此本章以结构性减税为切入点来回答上述问题。

具体而言，本章利用 2004 年增值税转型的外生冲击，构造工具变量识别了减税和劳动收入份额的因果关系。研究发现，减税提高了企业的劳动收入份额，企业的增值税税率降低 1 个百分点，企业的劳动收入份额提高大约 1.5 个百分点，且实证结果在不同模型设定、不同子样本企业、不同控制变量的情况下都十分稳健。这表明结构性减税作为供给侧结构性改革的具体工具，确实有改善收入分配的效果。

关于本章的结论，有两点值得注意。首先，减税对劳动收入份额的影响在不同类别的企业之间存在巨大的差异，说明简单的减税政策并不能很好地改善收入

中国劳动收入份额变化的经济驱动力量

分配状况，应该根据不同企业的特征，实行结构性的减税政策，这也与供给侧改革的结构性特征相一致。其次，增值税转型之所以能够提高劳动收入份额，是因为这一改革侧重于激励企业投资固定资产，从而提高了劳动的边际生产力。因此，对于其他减税政策的分配效应，仍需要进行具体分析。总之，本章认为持续推进和深化供给侧结构性改革是中国经济结构转型的一剂良方，结构性减税是供给侧改革的一项重要内容，精准的政策实施不仅可以降低企业的税收负担，还能改善国民经济的收入分配格局。

第八章 风险的力量

——不确定性与劳动收入份额

第一节 引言

要素间收入分配是经济学研究的一个基本问题。自"卡尔多事实"提出以后的很长时间内，新古典经济学倾向于假设经济增长过程中的要素分配份额为常数。然而，近年来一些研究发现，要素分配份额并非如"卡尔多事实"描述的那样稳定。发达国家（尤其是欧洲大陆国家）的劳动收入份额在 20 世纪 80 年代之后显著下降（Blanchard，1997；Harrison，2005），Karabarbounis 和 Neiman（2014）的研究更是指出，劳动收入份额的下降已成为全球趋势。对我国而言，近年来亦有许多研究者发现，改革开放以来的要素收入分配存在着明显的趋势性变化。例如，白重恩和钱震杰（2009）、罗长远和张军（2009a）、吕冰洋和郭庆旺（2012）等的研究都较为一致地表明我国的劳动收入份额自 20 世纪 90 年代中期开始下降的现象。尽管从劳动收入份额下降的表象来看，我国与一些国家相似，但趋势性变化背后的驱动因素和经济机制可能有所差别。

对于我国近年来劳动收入份额的变化，现有研究主要从技术因素、市场结构和经济发展三个方面进行了分析（白重恩、钱震杰，2010)[1]。在技术因素方面，黄先海和徐圣（2009）发现，劳动收入份额的变化受到劳动节约型技术进步的影

---

① 对于国外劳动收入份额领域的研究进展，请参见 Giovannoni（2015）的一系列综述文章。

响，张莉等（2012）认为，发展中国家的技术进步偏向资本，从而导致要素收入向资本倾斜。市场结构因素方面，白重恩等（2008）和罗长远（2011）分别从产品市场和要素市场对影响劳动份额的因素进行了考察。另外一些研究则从经济发展的角度探究了中国劳动收入份额下降的原因，包括经济发展的一般规律（李稻葵等，2009）、产业结构变动（白重恩、钱震杰，2009；罗长远、张军，2009a）、国有企业改制与民营化（罗长远、张军，2009b；周明海等，2010）、金融发展与融资约束（罗长远、陈琳，2012；汪伟等，2013）等。已有研究较好地把握了我国改革开放以来的结构转型、市场化改革、国有企业改革、对外开放、技术进步等最为重要的宏观发展和改革因素对劳动收入份额的可能影响，这为我们理解中国劳动收入份额变化提供了基础。

基于这些工作，本章将聚焦于我国工业部门以进一步考察劳动收入份额的变化及其成因，这主要出于两个方面的考虑。首先，尽管传统上倾向于将要素收入分配作为宏观问题进行研究，但不同部门的劳动收入份额存在系统性差异，如服务业部门的劳动收入份额显著高于工业部门。而且，同一因素对不同部门劳动收入份额的影响也可能相去甚远，所以仅聚焦于单一部门有利于辨别基本事实和现象背后机制的可靠性。我们选择工业部门，一方面是考虑到工业部门在中国经济中的重要地位；另一方面是因为工业部门的劳动收入份额与同期国民经济整体的劳动收入份额变化趋势和幅度都很接近（见表8-1）。其次，从技术角度讲，使用工业部门数据有助于处理既有研究面临的一些难题。分析加总数据的洞见为研究劳动收入份额提供了良好的基础，但这些研究也有力有不逮的情况，数据核算问题就是一个明显的例子。宏观或区域数据面临收入核算资料繁杂、数据质量不高、统计口径多变等问题，对研究结果的说服力形成了一定挑战（白重恩、钱震杰，2009）。相对来讲，利用工业部门的数据则在很大程度上化解了这些困难，如钱震杰和朱晓东（2013）已经提供了利用企业数据计算劳动收入份额的标准程序。

本章以工业企业数据为代表计算工业部门的劳动收入份额。首先，我们注意到的特征事实是，1998～2007年工业部门的劳动收入份额下降幅度明显，由45.42%下降到40.86%，降幅接近5个百分点，与国民收入中劳动收入份额的总

表 8-1　1998~2007 年企业风险与劳动收入份额的时间趋势

年份	劳动收入份额（%）				亏损率（%）
	国民收入	工业部门			
	（1）	（2）	（3）	（4）	（5）
1998	50.4	39.47	43.7	45.42	38.57
1999	51.0	39.14	39.9	45.02	35.63
2000	49.2	37.41	36.2	44.48	30.94
2001	48.1	37.03	35.4	44.11	31.25
2002	48.7	36.28	36.4	43.77	28.07
2003	46.6	34.69	34.0	42.77	22.42
2004	44.5	—	34.0	41.99	23.71
2005	47.4	—	32.2	41.61	20.30
2006	45.9	—	—	41.30	17.23
2007	44.5	—	—	40.86	14.79

注：前两列的劳动收入份额数据来自吕冰洋和郭庆旺（2012）、邵敏和黄玖立（2010）；第（3）列根据白重恩等（2008）的表 1 报告的资本收入份额计算而来；第（4）列的劳动收入份额和第（5）列的亏损率数据是作者根据工业企业数据库计算得到的，具体情况请参见第三节的介绍。

体趋势一致（见表 8-1）。其次，通过考察工业部门内各个细分行业劳动收入份额的变化情况发现，尽管工业部门内存在一定的结构变化，但工业部门的劳动收入份额下降主要表现为部门整体性的下降趋势。这提醒我们，理解工业部门的劳动收入份额变化，应重点关注影响部门整体发展的经济因素。导致工业部门的劳动收入份额出现整体性下降的因素可能是什么呢？从行业亏损率、行业就业人员、企业利润等相关指标看，1998~2007 年正是我国工业部门绝大多数行业平稳快速发展的一个时期。例如，表 8-1 第（5）列记录了工业企业的亏损率逐年下降，1998 年接近四成的企业都处于亏损状态，而 10 年后亏损企业仅占 15% 左右。从上述事实出发，结合经典的委托代理理论，我们猜想稳定的行业发展环境将对企业劳资之间的生产收入分配结构产生影响，进而表现为整个产业部门的劳动份额下降。具体来说，当企业的生产经营风险降低后，劳资双方最优的收入风险分担结构将赋予劳动者更高的产出分成比例，这会增强对劳动者的生产激励。在劳资双方讨价还价能力给定的情况下，其结果是劳动者的工资总额有所增加，但总产出因劳动者努力程度提高而以更大的幅度增加，从而造成劳动收入份额下降。我们利用工业企业数据库检验了上述猜测，发现工业企业劳动收入份额与前一期的风险确实表现出显著的正相关。当使用不同的子样本，以及不同的变量衡量企业面临的风险时，这一结果仍然非常稳健。结合实证估计结果进行测算发现，1998~2007 年工业部门劳动收入份额下降的 14%~25% 可以由企业风险的普遍降低加以解释。对于影响渠道，我们发现逐渐下降的企业风险确实提高了人均产出和人均工资，但前者增长更快，因而劳动收入份额下降；对工资结构的分解也显示，企业风险与固定工资正相关，而与可变工资负相关。

本章研究既有理论意义，又有重要的政策含义。从理论上讲，在经济学界接受"卡尔多事实"为经济发展的典型特征后，劳动收入份额的下降成为 20 世纪80 年代以后的全球趋势，这给传统的增长理论提出难题。近年来许多研究致力于解释这一现象，本章的研究为理解劳动收入份额下降的原因提供了新的视角。据我们所知，以往还未有文献从企业风险这一微观角度讨论劳动收入份额的变化。此外，以往文献多使用宏观数据或加总数据讨论劳动收入份额变动的原因[1]，本章使用了微观企业数据考察劳动收入份额的变动趋势及影响因素，为以往研究提供了更坚实的微观基础。也有文献指出了资本份额的顺周期性质，对称地，劳动份额会表现出逆周期性质（Young，2004），本章的分析为此提供了一个微观解释。劳动收入份额变化不仅是一个重要的经济现象，也是非常重要的政策议题。比如，我国"十三五"规划提出要发挥消费对增长的基础作用以扩大服务消费为重点带动消费结构升级，而当前劳动收入报酬在初次分配中的比重过低是制约居民消费的一个重要因素（陈斌开等，2014）。因此，实现这一目标需要调整国民收入分配格局，坚持"劳动报酬提高和劳动生产率提高同步"。本章为此提供了理论支持，因为劳动收入份额下降的原因正是企业风险降低后产出增长快于工资增长导致的。

本章后续安排如下：第二节通过一个简洁的委托代理模型说明企业风险与劳动收入份额的关系。第三节介绍实证研究使用的数据和核心变量的构建。第四节

---

① 只有少数文献使用微观企业数据进行这方面的研究，如白重恩等（2008）、魏下海等（2013）、周明海等（2010）等。

通过实证分析来考察样本期间不断下降的企业风险是否导致劳动收入份额下降，并提供稳健性检验，第五节分析影响机制。第六节总结全文。

第二节　机制分析

本节通过扩展 Holmström 和 Milgrom（1987）的经典模型来说明企业风险如何影响劳动者与企业所有者的风险分担，并进而影响劳动收入份额。假定企业所有者雇佣劳动者进行生产，并支付相应的工资 w。劳动者的努力程度 a 无法观测，工资合同根据实际产出 q 来确定。q 受到劳动者努力程度 a 和随机因素 ε 的影响，即 $q=a+\varepsilon$，其中 $\varepsilon \sim N(0, \sigma^2)$。企业所有者和劳动者对企业风险 σ^2 的信息是对称的。工资合同是线性的，即 $w=\alpha+\beta q$，其中，α 为固定工资，βq 为可变工资[①]。显然，可变工资系数 $\beta<1$。企业利润为实际产出 q 减去对生产要素的支付，所以企业的期望利润为 $E(q-w)=-\alpha+(1-\beta)q$。企业所有者是风险中性的，其目标是期望利润最大化：

$$\underset{\alpha,\beta}{\text{Max}}-\alpha+(1-\beta)a \qquad (8-1)$$

企业所有者的期望利润最大化问题面临激励相容约束（Incentive Compatibility Constraint）和参与约束（Participation Constraint）。劳动者的效用函数为 $u=-\exp[-\rho(w-c)]$，其中，c 为劳动者努力的成本，并进一步假设为 $c=ba^2/2$，$b>0$ 为一常数。由此，劳动者的激励相容约束可化为确定性等价最大化，即

$$\underset{a}{\text{Max}}-\exp[-\rho(\alpha+\beta a-ba^2/2-\rho\beta^2\sigma^2/2)] \qquad (8-2)$$

假定劳动者的保留效用对应的工资水平为 $\underline{w}$，参与约束为：

$$\alpha+\beta a-ba^2/2-\rho\beta^2\sigma^2/2 \geqslant \underline{w} \qquad (8-3)$$

企业所有者的利润最大化问题由式（8-1）表示的目标函数和式（8-2）、式（8-3）表示的约束条件构成。求解这一问题，可得到劳动者的最优努力水平和

---

① 线性工资是参数化委托-代理模型中的经典假设，该假设与现实较为契合，因为线性工资可以看作计时工资（基本工资）与计件工资（绩效工资）的组合，这样组合的优势在于企业所有者和劳动者同时分担了激励和风险（Ehrenberg and Smith，2009）。

可变工资系数为：

$$a^* = \beta/b \qquad (8-4)$$

$$\beta = 1/(1+b\rho\sigma^2) \qquad (8-5)$$

由 $\partial\beta/\partial\sigma^2 < 0$ 可知，当风险减少时，劳动者工资组成部分当中的可变工资部分提高了。同时，由 $a^* = \beta/b = 1/b(1+b\rho\sigma^2)$，可知劳动者的努力水平随风险降低而提高。

由于劳动者的期望工资为：

$$Ew = \underline{w} + \beta/2b = \underline{w} + 1/2b(1+b\rho\sigma^2) \qquad (8-6)$$

易得劳动者的期望工资与风险负相关，即 $\partial Ew/\partial\sigma^2 < 0$。

如果企业由 n 个相同的劳动者组成，则对于企业部门整体而言，劳动收入份额为[①]：

$$s = \sum_{i=1}^{n} w_i \Big/ \sum_{i=1}^{n} q_i = \frac{nEw}{nEq} = \frac{Ew}{Eq} = \frac{\alpha+\beta a}{a} = 1/2 + b\underline{w}(1+b\rho\sigma^2) \qquad (8-7)$$

可得 $\partial s/\partial\sigma^2 = \rho\underline{w}b^2 > 0$，即企业经营面临的风险越低，其支付给劳动者的报酬份额越小。总结上述结果，可以得到本章要检验的命题。

命题 1：劳动者全部收入占总产出的份额，与企业风险正相关。

命题 2：劳动者报酬结构中的固定工资与企业风险正相关，可变工资与企业风险负相关。

需要指出的是，本节为了简化分析而假定企业所有者是风险中性的，但本节的结论并不依赖于这一假设，甚至不需要假设劳动者比企业所有者更加厌恶风险。为证明这一点，不妨假设企业所有者的绝对风险厌恶系数为 γ，除此之外，并不假设企业所有者与劳动者的绝对风险厌恶系数 ρ 的大小关系。此时，企业所有者最大化其效用等价于最大化其利润 $-\alpha+(1-\beta)q$ 所对应的确定性等价，即 $-\alpha+(1-\beta)a-\gamma(1-\beta)^2\sigma^2$。企业所有者面临的（由劳动者行为施加的）约束并未变化，仍然是式（8-2）表达的激励相容约束和式（8-3）表示的参与约束。在这些条件下，容易解出：

---

① 我们也可以理解为经济体由 n 个代表性企业组成，因此式（8-7）也可以视为经济体的劳动收入份额是由劳动报酬总量与经济体总产出的比值。

$$\beta' = (1+b\gamma\sigma^2)/(1+b\rho\sigma^2+b\gamma\sigma^2) \tag{8-8}$$

而此时的劳动者收入份额为：

$$s' = 1/2+b\underline{w}+\rho wb^2\sigma^2/(1+b\gamma\sigma^2)+\rho\gamma b^2\sigma^4/2(1+b\rho\sigma^2+b\gamma\sigma^2) \tag{8-9}$$

由式（8-8）、式（8-9）可得 $\partial s'/\partial\sigma^2>0$，即劳动收入份额会随风险降低而减小。因此，上述推导说明我们的结论并不依赖于对企业所有者风险偏好的假设。

此外，上述推导也不依赖于企业所有者和劳动者对风险有同样的认知。上文一直假设企业所有者和劳动者都认为风险为 σ^2，这有助于简化分析，但对于得出结论并不必要。比如，我们可以假设劳动者感知的风险为 σ_l^2，企业所有者认为风险为 σ_e^2。此时问题的结构并无变化，同样可以解出：

$$\beta'' = (1+b\gamma\sigma_e^2)/(1+b\rho\sigma_l^2+b\gamma\sigma_e^2) \tag{8-10}$$

而劳动者的收入份额是：

$$s'' = 1/2+b\underline{w}+\rho wb^2\sigma_l^2/(1+b\gamma\sigma_e^2)+\rho\gamma b^2\sigma_l^2\sigma_e^2/2(1+b\rho\sigma_l^2+b\gamma\sigma_e^2) \tag{8-11}$$

假设劳动者只根据自己感知的风险做出行动，那么仍然有 $\partial s''/\partial\sigma_l^2>0$，即劳动者感知的风险减小，劳动者收入份额将会降低。不同情形下的证明背后有相同的直觉：当劳动者感到风险在降低时，会要求工资由更少的固定工资和更多的可变工资构成。可变工资提高意味着对劳动者的激励增强了，从而劳动者倾向于付出更多的努力。当劳动者的努力程度提高一个单位时，产出同样提高一个单位，但劳动者薪酬至多提高 $\beta<1$ 个单位，这意味着劳动者收入份额降低了。

第三节　数据和变量

关键解释变量是企业面临的风险，文献中对此尚没有清楚的界定[①]。与前文的理论模型较为一致的指标是企业所在地同行业企业利润率的标准差。但这一指标因几个方面的缺陷并不适用于本章的研究。首先，当企业数目较少时，标准差

---

① 企业风险包含多个维度（如产品风险、市场风险、技术风险等），但本章并未特别区分不同类别的风险。在本章的语境中，所有能够影响企业产出/利润水平的不可控因素皆可视为企业风险的范畴。

不能精确地衡量企业面临的风险。一个极端的例子是，当同地区同行业只有一家企业时，不管其发展态势良好（低风险）还是濒临破产（高风险），利润率的标准差总是零。其次，企业利润率标准差只考虑了各企业利润分布的集中程度，但不能反映它们的平均利润水平。比如，利润率分别为 $\pi_i > 0$ 的 N 个企业与利润分别为 $-\pi_i$ 的 N 个企业有着同样的利润率标准差，但企业风险的差异显而易见。最后，企业的利润率不易观察，即使内部员工也不能清楚地判断，因而无法作为劳动者与企业签订合同时的参考信息。

我们选择亏损率来衡量风险，这一指标是某地区某行业亏损企业数量，除以当年该地区该行业的企业总数量。一个企业是否亏损是容易观察到的指标，因而更适于劳动者用以判断一个行业的经营风险，并且这一指标还可以有效地避免利润率标准差指标的几个缺陷。各年亏损率是一个"地区-行业"层面的变量，这样构建指标有两个方面的好处。首先，企业所有者，尤其是劳动者，很难判断一个具体企业在未来发展中遇到的风险，而只能根据其所在行业的经营状况做出大概的判断；并且，在这样的判断过程中，本地企业的情况不仅是最合适的参照，也是经济活动者最易于了解的信息。其次，使用企业自身的指标往往容易因内生性产生估计偏误，而使用地区-行业层面的加总指标可以在一定程度上避免这样的问题。在实证分析中，我们使用滞后一期的亏损率来避免反向因果的干扰，可以进一步减轻内生性的影响。为了验证结果的稳健性，我们将使用一系列替代指标，包括不同层面加总的企业亏损率和退出率，城市-行业内企业的利润率变异系数以及城市-行业层面的经济波动，下文将详细介绍这些指标。

现有文献已经指出许多影响劳动收入份额的因素。我们在实证分析中尽可能地控制这些变量，以提高估计的一致性。在企业层面，按照文献中的一般做法，我们首先控制了企业规模（资产总额的对数）、从业人数（对数）、盈利能力（用资产收益率衡量）、工资水平（人均工资对数）和全要素生产率（TFP）等变量①。在此基础上，参考最近的相关研究，我们还控制了以下可能影响劳动收

---

① 控制工资水平可能需要更多的解释。首先，工资水平直接影响劳动收入份额，如果工资水平与企业风险相关，将其遗漏至误差项就会威胁估计的一致性；其次，工资水平在相当程度上衡量了企业的人力资本水平和劳动生产率水平，因而可能与企业风险程度相关。

入份额的因素：

技术变化与产品市场竞争程度会对要素收入份额产生重要影响。Acemoglu（2003）指出，在均衡增长路径上发生的技术进步一般是劳动增强型的，这使得要素收入份额保持稳定，但经济转型中往往发生资本偏向型技术进步，而偏向型技术进步是影响要素收入份额的重要因素。张莉等（2012）利用跨国面板数据发现，发展中国家的技术进步确实具有资本偏向性，导致要素收入向资本倾斜。黄先海和徐圣（2009）分解了劳动收入份额的变动，发现乘数效应、资本深化及劳动（或资本）节约型技术进步都会影响劳动收入份额的变化率。这些研究都说明，企业采用的生产技术对劳动收入份额有着不可忽略的影响。因此，本章在使用工业企业数据库时，用资本劳动比作为企业生产技术的代理变量来控制这一影响渠道；在使用"投资环境调查"数据时，用企业的研发投入（对数）和技能劳动份额作为代理。产品市场结构方面，白重恩等（2008）认为，垄断能力越高的行业，资本收入份额越高，劳动收入份额越低。本章也使用赫芬达尔-赫希曼指数（HHI）衡量一个行业的产业集中度，作为市场垄断程度的代理变量，用以考察市场结构对劳动收入份额的影响。

经济全球化进程通过各种渠道影响劳动收入份额。从国际贸易的角度考虑，与发展中国家进行贸易可以降低发达国家的劳动收入份额；从资本流动的角度考虑，对资本的竞争会降低劳动者的谈判地位，从而降低其收入占比（Harrison，2005），这种影响在资本稀缺的发展中国家尤为明显。但是，总体来讲，开放对劳动收入份额的影响并不明确，这一方面取决于各国的发展阶段；另一方面受限于研究者对开放指标的选取。罗长远和张军（2009b）、邵敏和黄玖立（2010）都考虑了 FDI 的影响，本章着重从贸易的角度考虑：在企业层面，我们构建了表征企业是否出口的虚拟变量；在城市-行业层面，我们使用出口额占比衡量当地该行业的开放程度。

汪伟等（2013）构建了异质性企业面临不同融资环境的一般均衡模型，指出受到融资约束的民营企业通过利润留成应对融资困境，导致劳动收入份额降低，这与Song等（2011）的结论一致。罗长远和陈琳（2012）利用世界银行对中国企业进行的调查数据发现，融资约束显著降低了私营企业的劳动收入份额，但这种影响并不因为企业的类型是国有还是外资而有很大区别。本章也控制了企业面临的融资环境。工业企业数据库没有报告企业融资的具体来源，因而无从得知企业外部融资的情况。与 Feenstra 等（2014）类似，本章在使用工业企业数据库时，使用利息支出与负债的对数形式衡量企业的融资成本[①]；"投资环境调查"数据将融资难度分为从 0（没有困难）到 4（非常困难）五个层次，由企业管理人员对本企业的情况进行主观判断，我们用这个得分衡量融资难度。

在使用工业企业数据库时，我们还控制了资产负债率和经济发展水平（人均收入的对数），二者都加总到城市-行业层面。前者经常与企业的风险相关，而后者被认为与劳动收入占比存在"U"形关系，且我国仍处于曲线的下行区间内（罗长远、张军，2009b）。魏下海等（2013）发现，有政治关系的企业的劳动收入份额显著低于无政治关系的企业。白重恩等（2008）认为，要素市场的扭曲（如劳动力市场环境）会导致劳动收入份额变动，因此在使用"投资环境调查"数据时我们控制了企业与政府的关系和劳动市场环境。前者从"非常差"到"非常好"用从 1 到 5 共五个分数代表，后者从 1 到 3 分别代表劳动力市场"供大于求""供不应求"和"供需平衡"。

不同所有制企业的劳动收入份额存在较大的差别（白重恩等，2008），罗长远和张军（2009b）、周明海等（2010）以及白重恩和钱震杰（2010）等都指出，国企改制和民营化不利于劳动收入份额的提升，因此我们控制企业所在城市与行业的国有企业从业人员份额，并按照不同所有制分别回归以检验结论的稳健性。工业企业数据库报告了企业的注册类型，也报告了企业实收资本的各类来源，二者都可以用于识别企业的所有制。但聂辉华等（2012）注意到，两种识别企业所有制的方法存在相当大的差别：至少 15% 的企业虽然注册类型是国有企业，但已经不是真正的国有企业了。由于控股比例能够更及时地反映企业的所有制类型，因此本章按照聂辉华等（2012）的建议，使用实收资本比例定义企业所有制，将企业分为国有企业、集体企业、私营企业和港澳台及外资企业等四种类型。

本章关键变量的描述统计变量如表 8-2 所示。

---

① 申广军（2015）使用财务费用与负债的比值衡量融资成本，我们也使用这一指标进行了稳健性分析。由于财务费用中大部分是利息支出，两个融资成本的指标高度相关，因此实证结果并没有差别。

表 8-2 关键变量的描述统计量

变量	观测值	均值	方差	最小值	最大值
工业企业数据库数据					
劳动收入份额（收入法）	1945908	43.26	20.84	3.77	94.16
劳动收入份额（生产法）	1945908	48.52	41.69	3.83	99.23
亏损率	1945908	25.64	16.54	0	100
退出率	1945908	12.39	11.25	0	100
利润率变异系数	1892744	17.54	42.55	−265.97	323.79
汇率波动（四位数行业）	1171387	0	1.00	−17.56	1.33
人均产出	1945908	2.52	0.66	0.58	4.53
人均工资	1945908	5.09	1.11	1.44	8.03
经济波动（产出，10）	1857137	−0.02	0.19	−1.16	0.6
经济波动（产出，100）	1856320	−0.06	0.37	−2.01	1.6
经济波动（利润，100）	1856117	−0.16	2.05	−15.81	14.63
世界银行投资环境调查数据					
固定工资（正式员工）	11134	10.62	5.16	8.29	16.20
可变工资（正式员工）	11134	11.71	4.02	5.99	16.10
固定工资（临时员工）	8056	5.73	6.37	2.40	15.15
可变工资（临时员工）	8056	11.71	4.12	8.52	15.68

注：限于篇幅，表 8-2 只报告了被解释变量和核心解释变量的描述统计量，其他信息请参考本章早期的工作论文（经济研究工作论文：WP921）。

第四节 实证结果

本章基准回归使用双向固定效应模型，即估计如下方程：

$$LS_{it} = \alpha + \beta RISK_{cj,t-1} + X_{it}\gamma + Z_{cjt}\lambda + firm_i + year_t + \mu_{it} \tag{8-12}$$

其中，LS_{it} 是企业 i 在 t 年的劳动收入份额，$RISK_{cj,t-1}$ 是该企业所在城市 c 所属行业 j 在 $t-1$ 年的风险，我们使用滞后一期的亏损率，一方面有助于消除反向因果关系的干扰；另一方面也符合信息传递具有一定时滞性的客观情况。X_{it} 是该企业的其他特征，Z_{cjt} 是城市-行业层面的控制变量；$firm_i$ 是企业固定效应，用以排除不随时间变化的企业特征的影响，年份固定效应 $year_t$ 用来剔除宏观经济波动等同时影响所有企业的外生冲击。我们重点关注系数 β，它衡量了企业风险对劳动收入份额的影响。

表 8-3 是基准回归的结果。第（1）列没有添加控制变量，结果显示前一年的亏损率与企业劳动收入份额显著正相关：亏损率每下降 1 个百分点，翌年劳动收入份额将降低 0.045 个百分点。根据表 8-1 的数据，样本期间亏损率下降了约 24 个百分点，可以解释 1.1 个百分点的劳动收入份额下降，约占同期劳动收入份额变动（4.56 个百分点）的 1/4。其后两列，我们逐步控制了企业层面和城市-行业层面的特征。消除遗漏变量引起的偏误之后，亏损率的系数减小到 0.026 ［第（3）列］，但仍在 1% 的水平上显著为正，此时亏损率可以解释劳动收入份额下降的 14%。为了考察亏损率对劳动收入份额的影响在不同所有制企业之间是否存在异质性，随后的四列分所有制估计了方程（8-12）。第（4）至（7）列亏损率的系数仍在 1% 的水平上显著为正，说明企业风险对劳动收入的影响十分稳健，面临较大风险的企业将更多的收入补偿了工人的劳动。具体来看，亏损率对国有企业与港澳台及外资企业的劳动收入份额影响相当，略低于全样本的平均水平 ［第（3）列］，而私营企业劳动收入份额对企业风险的反应最为剧烈。这一差异可能源于它们的劳动契约不同，国有企业和港澳台及外资企业的劳资合同结构较为稳定，工人的可变工资对企业风险不敏感，而私营企业根据实际经营情况对工资调整较为灵活；也可能反映了它们对风险的承受能力不同，国有企业有政府的支持，港澳台及外资企业一般管理水平较高，或者背后有集团企业的支持，因此它们不易受到短期波动的影响，而脆弱的私营企业更容易受到市场风险的左右，从而做出频繁的短期调整。

表 8-3　基准回归

	全部企业			国有企业	集体企业	私营企业	港澳台及外资企业
	(1)	(2)	(3)	(4)	(5)	(6)	(7)
Panel A：因变量为收入法增加值计算的劳动收入份额							
亏损率	0.045 ***	0.030 ***	0.026 ***	0.024 ***	0.026 ***	0.033 ***	0.024 ***
	(0.003)	(0.002)	(0.002)	(0.003)	(0.006)	(0.003)	(0.005)
企业层面控制变量		Y	Y	Y	Y	Y	Y
加总层面控制变量			Y	Y	Y	Y	Y
观测值	1822181	1439224	1435648	151830	126893	850697	296496
R^2	0.020	0.271	0.273	0.125	0.273	0.330	0.264
Panel B：因变量为生产法增加值计算的劳动收入份额							
亏损率	0.063 ***	0.029 ***	0.021 ***	0.019 **	0.023 **	0.025 ***	0.011 ***
	(0.006)	(0.005)	(0.005)	(0.009)	(0.013)	(0.006)	(0.004)
观测值	1532013	1445953	1442496	146246	128108	858637	299852
R^2	0.010	0.360	0.362	0.432	0.365	0.353	0.397

注：企业层面控制变量包括企业规模、从业人数、工资水平、盈利能力、TFP、是否出口、资本劳动比、资产负债率、融资成本；加总层面控制变量包括市场垄断程度、开放程度、国有企业份额、经济发展水平。控制变量的系数和标准误请参见本章早期的工作论文。所有回归控制了企业和年份的固定效应。括号内标准误群聚到县（区）层面。*、** 和 *** 分别表示在10%、5%和1%的水平上显著。

　　表 8-3 的 Panel B 使用生产法劳动收入份额作为因变量进行稳健性分析，滞后一期的亏损率与劳动收入份额仍然显著正相关，因此下文的分析仍将主要使用收入法的劳动收入份额作为因变量。控制变量方面，从业人数较多或者平均人力资本水平（以人均工资衡量）较高的企业劳动收入份额较大，这是符合常理的，因为二者直接决定了劳动者的收入。盈利能力较强的企业劳动收入份额较低，反映了资本所有者从企业增长中获得更多的利益（我们使用资产收益率衡量盈利能力）。与既有文献的发现一致，资本劳动比越高的企业，收入分配越向资本倾斜，这进一步证实了生产技术在劳动收入份额变动中的作用（张莉等，2012）。企业

规模与劳动收入份额也是负相关，可能是由于大企业更多地使用资本密集型的技术。全样本中，资产负债率与劳动收入份额正相关，潜在的解释是资产负债率部分地反映了企业的风险；并且，这一结论对于国有企业并不成立，这可能是由于国有企业有政府支持，高资产负债率并不能反映它们面临较大的风险。此外，经济发展水平的系数表明，发展程度越高则劳动收入份额越低，这符合罗长远和张军（2009b）的解释；国企从业人员份额与劳动收入份额正相关，反映了企业改制对收入分配的影响（周明海等，2010）。

表8-4通过使用不同的企业风险指标估计方程（12）提供了稳健性检验。第（1）列使用滞后两期的亏损率，进一步排除反向因果效应的干扰，并考察企业风险对劳动收入份额的较长期影响，仍然得到了显著为正的系数。其后两列尝试将亏损率从不同的维度加总到更细的层面，其中，第（2）列是加总到城市—四位数行业层面，第（3）列是加总到县区—二位数行业层面。亏损率的系数仍然在1%的水平上显著为正，但数值比表8-3第（3）列减小了。即使根据这个系数，企业风险下降仍可以解释劳动收入份额下降的9%左右，具有经济意义上的显著性。第（2）列、第（3）列使用细化的企业风险指标，估计系数明显小于使用城市—二位数行业加总指标时的情形。这可能是更细的行业（地区）分类确实减弱了原来二位数行业（城市）内部异质性造成的干扰，也可能是由于行业内部企业数量大幅减少，加总的企业风险对该行业的代表性不足，因而造成系数的低估①。第（4）列尝试使用以企业从业人数作为权重来计算亏损率。使用亏损率的加权均值基于这样的考虑：人数较多的企业可以传递更多的信息，以帮助人们形成对某一行业的风险预期。回归结果仍然支持要验证的假设。

前述分析使用亏损率衡量地区-行业内的风险，这一指标和劳动收入份额可能只是同一枚硬币的两面：给定企业的增加值，营业利润和劳动者报酬此消彼长，因此营业利润较高（从而亏损风险较低）的企业肯定有着较低的劳动者报酬

---

① 为了验证这两种可能性，我们尝试在采用县区—二位数行业或者城市—四位数行业层面的风险指标时，只使用观测单元内企业数量大于10的样本，发现系数有了较大的提高，这说明第（2）列、第（3）列系数的减小是由于企业风险指标代表性不足引起的。因此，虽然不同层面的加总各有优劣，使用城市—二位数行业层面的企业风险可能是一个较好的折中。

表 8-4　稳健性检验：替代指标

	(1) 滞后两期	(2) 城市—四位数行业	(3) 县（区）—二位数行业	(4) 以从业人数加权	(5) 其他企业亏损率	(6) 非国有企业退出率	城市—行业利润率变异系数		(9) 城市—行业经济波动：（产出，10）	(10) 城市—行业经济波动：（产出，100）	(11) 城市—行业经济波动：（利润，100）
							(7) 全样本	(8) 企业数量大于10的城市—行业			
亏损率	0.011*** (0.002)	0.017*** (0.001)	0.018*** (0.001)	0.019*** (0.001)	0.019*** (0.002)						
退出率						0.006** (0.002)					
利润率变异系数							0.001 (0.001)	0.005** (0.002)			
经济波动指标									0.091*** (0.015)	0.096** (0.046)	0.030*** (0.008)
观测值	1059437	1435648	1435648	1435648	1428069	1274086	1728009	1167225	1155785	1155785	1366211
R^2	0.267	0.273	0.273	0.273	0.274	0.303	0.313	0.279	0.313	0.313	0.277

注：为了方便呈现，我们将第（7）列至第（11）列的系数和标准误差放大了100倍。其他同表8-3。

占比。此外，以上观察到的企业风险与劳动收入份额的正相关可能源于第三种因素的影响：比如，如果某一时期的生产率快速提高，而工人工资的增长相对滞后，那么能够观察到亏损率和劳动收入份额同步降低。如果上述情形成立，则表8-3发现的企业风险与劳动收入份额的关系并不能反映二者的因果关系。

表8-3的回归设定已经尽力削弱上述两个潜在的干扰。第一，我们控制了企业本身的盈利能力，其系数显著为负，这一系数反映的正是当期营业利润和劳动收入份额之间在会计上此消彼长的关系，而亏损率的系数反映的是两个盈利能力相同的企业，如果面临的风险不同，其劳动收入份额会有何差别。第二，我们使用滞后的亏损率，上一期的营业利润与当期的劳动收入份额不是简单的会计关系，并且亏损率指标是城市-行业层面的加总。为了进一步消除本企业的影响，表8-4第（5）列使用城市-行业内其他企业的亏损率衡量企业面临的风险进行稳健性检验，仍然得到了显著为正的系数。第三，我们在表8-3的回归中控制了企业的TFP，其系数显著为负，说明生产率提升较快的企业确实会出现工资增长滞后、从而劳动收入份额较低的现象。但排除TFP的影响，再加上其他企业特征和企业固定效应也在控制变量之列，表8-3显示的企业风险与劳动收入份额的正相关，不太可能是由第三种因素推动的。

即使如此，仍然存在一些担心。比如，如果城市-行业内的企业有着相似的工资结构，表8-4第（5）列使用其他企业亏损率衡量企业风险，仍然掺杂了本企业的情况。所以，我们应该更加谨慎地做出更多的稳健性检验，以进一步消除对企业风险指标的担心。表8-4第（6）列使用企业退出率衡量企业风险，它是本地区本行业企业因主营业务收入下滑至500万元以下而退出工业企业数据库的比重[1]。结果显示，以退出率衡量的企业风险仍然与劳动收入份额正相关。但是，以退出率衡量企业风险可能面临着亏损率一样的问题，所以我们也考虑其他可能的指标。前文指出了利润率标准差衡量风险的几个缺陷，我们对这一指标进行改进。首先，我们使用城市-行业内利润率的变异系数（标准差与均值的比值）衡量企业风险，以消除利润率标准差受到的量级的干扰。该指标对劳动收入

---

① 由于工业企业数据库包含所有国有企业，国有企业并不存在退出的风险，所以我们计算的是非国有企业的退出率。

份额的影响虽然为正，但数值较小，并且统计上不显著［第（7）列］。如前所述，这可能是由于部分城市-行业内企业数量较少引起的，这种情况下标准差不能衡量利润率的分散程度。于是，我们使用城市-行业内企业数量大于10的子样本进行回归，得到了显著为正的系数［第（8）列］，说明这一指标捕捉的企业风险对劳动收入份额有着正向影响。其次，我们使用经济波动指标衡量企业风险。根据Hordick 和 Prescott（1997）的方法，我们将城市-行业的产出（利润）分解为趋势部分和周期部分，其中周期部分经过产出（利润）进行标准化即可衡量经济波动。第（9）列使用产出的周期波动衡量企业风险（惩罚因子为10），系数在1%的水平显著为正，进一步验证了风险与企业劳动收入份额的关系。其后两列的经济波动指标使用100作为惩罚因子［第（10）列］或者使用利润的波动［第（11）列］来衡量企业风险，也都得到了显著为正的系数。第（7）至第（11）列使用的风险指标不直接涉及企业利润的水平值，因此可以消除前文指出的疑虑。

上文的分析显示，即使添加丰富的控制变量或者使用不同维度的替代指标，企业风险对劳动收入份额的影响仍然非常稳健，双向固定效应的设定也有效地排除了遗漏变量的干扰。然而，如果某一随时间、地点变动的因素潜在地影响劳动收入份额，却被遗漏在误差项内，那么上文估计的一致性将受到挑战。比如，理论模型中保留工资能够影响劳动收入份额，如果保留工资因地而异，且随经济发展水平而提高①，则上文的分析就未能分离出它的影响。此外，正如上文提到的，我们计算劳动收入份额时没有像钱震杰和朱晓东（2013）那样进行详细的调整，如果不同地区的社会福利以不同的速度改进，那么以上估计结果可能会存在偏误。为了剔除这类因素的影响，我们进一步包含了省份—年份固定效应，结果报告如表8-5所示。与基准回归对应，第（1）列使用城市—二位数行业亏损率指标，回归系数在1%的水平上显著为正，且数值上与表8-3第（3）列十分接近，说明因时因地变动的因素并没有对估计造成过多的干扰。其后四列使用不同的衡量企业风险的指标，回归结果与未控制省份—年份固定效应时相当一致［分别对应表8-4的第（5）列、第（6）列、第（8）列、第（10）列］，进一步说明上述结果的稳健性。

---

① 这是完全有可能的，如移民工人的保留工资可能是农业产出，城镇居民的保留工资可能是当地最低工资，而农业产出和最低工资都是因时因地变动的因素。

表 8-5　稳健性检验：控制省份—年份固定效应

	城市—二位数行业亏损率	其他企业亏损率	非国有企业退出率	城市-行业利润率变异系数（企业数多于10）	城市-行业经济波动（产出，100）
	（1）	（2）	（3）	（4）	（5）
企业风险	0.025***	0.016***	0.007***	0.005**	0.125***
	（0.002）	（0.002）	（0.002）	（0.002）	（0.041）
观测值	1435495	1427921	1273960	1167104	1155785
R^2	0.276	0.277	0.306	0.317	0.328

注：*、**和***分别表示在10%、5%和1%的水平上显著。

企业面临的风险有很多不同的维度，上述分析都是比较抽象地从结果来衡量风险，而表 8-6 考察一种具体的风险—汇率波动—与劳动收入份额的关系。汇率波动的计算方法如下：①根据国际清算银行（Bank for International Settlements，BIS）公布的月度实际有效汇率，以其标准差作为年度的汇率波动；②计算各个四位数行业的出口比重，衡量该行业对国际市场的依赖程度，这一指标是四位数行业层面的；③用以上两个指标的乘积来衡量不同四位数行业在不同年份受到的汇率波动的影响。为了方便解释，我们将其标准化为均值为 0、方差为 1 的变量。第（1）列使用全部企业进行估计，汇率波动的系数显著为正，证明汇率波动较大的行业内，企业劳动收入份额较高。平均而言，汇率波动变动一个标准差，劳动收入份额在相应的方向变动 0.11 个百分点。在后续的两列，我们将样本分为出口与非出口企业两部分分别估计，预期汇率波动将更多地影响出口企业，而对非出口企业不会产生实际的影响。实证结果正是如此：汇率波动对出口企业的影响在 1% 的水平上显著为正，且系数大于第（1）列使用全部企业估计的情况；对非出口企业的影响不仅数值较小，而且统计上不显著。第（4）列和第（5）列将汇率波动指标加总到二位数行业层面，得到的系数在数值上较大，这与表 8-4 的情况一致，即使用较高层面的加总指标时得到更大的系数。汇率波动对出口企业与非出口企业劳动收入份额的影响仍然截然不同。第（6）列进一步考察了出口企业受汇率波动的影响，我们添加了汇率波动与出口比重的交互项，该交互项的系数显著为正,说明出口比重越大的企业,其劳动收入份额受到汇率波动的影响越大。表8-6的结果进一步证明,面临较大风险的企业需要用更多的收入份额补偿劳动者。

表8-6 汇率波动与劳动收入份额

	全部企业	出口企业	非出口企业	出口企业	非出口企业	出口企业
	(1)	(2)	(3)	(4)	(5)	(6)
汇率波动	0.110***	0.145***	0.038	0.221***	0.023	0.124**
	(0.034)	(0.038)	(0.076)	(0.064)	(0.148)	(0.061)
汇率波动-出口份额						0.009***
						(0.003)
观测值	1185680	346973	838707	404768	1023354	404766
R^2	0.304	0.262	0.321	0.266	0.312	0.266

注:*、**和***分别表示在10%、5%和1%的水平上显著。

第五节 进一步的机制分析和实证检验

第四节直接考察了(不同定义的)企业风险对劳动收入份额的影响,稳健性检验也集中于讨论二者的关系。本节通过考察企业风险影响劳动收入份额的机制,从另一角度提供稳健性检验。首先,根据第二节的理论分析,企业风险影响劳动收入份额的原因是,当企业风险减小时,劳动者的可变工资系数β上升了,这会鼓励劳动者提高努力程度,产出水平和工资都增长,但产出增长的幅度超过工资增长的幅度,从而导致劳动收入份额降低。对于这一机制,需要验证的现象是,企业风险降低是否导致人均产出和平均工资的上升,并且人均产出的上升幅度更大。将方程(8-12)的因变量分别替换为人均产出和平均工资(均为对数值)即可检验这一点,回归结果如表8-7所示。前两列仍然使用滞后一期的亏损率衡量风险,发现风险确实显著地与人均产出和平均工资负相关,且前者变动幅度更大:亏损率降低1个百分点,人均产出提高0.07%而平均工资提高

0.02%。后两列使用亏损率的对数值，以计算人均产出和平均工资对亏损率的"弹性"。回归系数在1%的水平上显著为负，亏损率降低1%，人均产出和平均工资分别提高1.54%和0.43%，人均产出的风险弹性几乎是平均工资的4倍。因此，实证分析支持前述判断，即逐渐降低的企业风险显著地提高了人均产出和平均工资，且前者变动幅度更大。

表 8-7　企业风险对工资和产出的影响

	人均工资	人均产出	人均工资	人均产出
	（1）	（2）	（3）	（4）
亏损率	−0.0002 ***	−0.0007 ***	−0.0043 ***	−0.0154 ***
	（0.0001）	（0.0001）	（0.0012）	（0.0013）
观测值	1463284	1463321	1463284	1463321
R^2	0.3421	0.5798	0.3421	0.5799

注：所有回归控制了表8-3中除了工资水平之外的全部控制变量和固定效应。其他同表8-3，＊、＊＊、和＊＊＊分别表示在10%、5%和1%的水平上显著。

　　理论分析还指出，当企业风险降低时，劳动者的可变工资（βq）相对增长而固定工资（α）相对降低，加总效果是劳动收入份额下降。由于数据限制，工业企业数据库只能考察整体劳动收入份额如何受到企业风险的影响，但无法区分固定工资与可变工资的变动。世界银行的"投资环境调查"数据涵盖这方面的数据。为进一步验证本章提出的假设，我们在城市-行业层面匹配了"投资环境调查"数据和工业企业数据库以研究企业风险对固定工资和可变工资的影响。企业风险使用根据工业企业数据库计算的2003年城市—二位数行业加总的亏损率。相应的实证结果如表8-8所示，其前三列考察正式员工的情况，后三列考察临时员工的情况。第（1）列显示，企业风险与固定工资份额有显著的正相关，其后两列对固定工资和可变工资分别考察，发现企业风险与固定工资正相关（但统计上不显著），与可变工资负相关。这与理论模型的预测一致，即企业风险减小时，最优合同的可变工资增加而固定工资减少，因而固定工资份额下降了。后三列对临时员工的考察得出了类似的结论，并且企业风险对固定工资的正向影响在10%

的水平上显著。正式员工与临时员工的固定工资对企业风险的反应强度不同，这可能是由于正式员工有较为清晰且刚性的劳动契约，而临时员工的工资合同更容易根据企业当前的经营状况进行调整，这与表8-3中不同所有制企业的差异类似。

表8-8　企业风险对固定工资与可变工资的影响

	正式员工			临时员工		
	固定工资份额	固定工资	可变工资	固定工资份额	固定工资	可变工资
	（1）	（2）	（3）	（4）	（5）	（6）
亏损率	0.125***	0.008	−0.013***	0.096**	0.009*	−0.012**
	（0.035）	（0.005）	（0.003）	（0.047）	（0.005）	（0.005）
观测值	11058	11058	11058	7444	7444	7444
R^2	0.092	0.059	0.073	0.086	0.069	0.042

注：未报告的控制变量包括从业人数、企业规模、盈利能力、研发投入、技能劳动份额以及衡量融资难度、劳动市场环境和政企关系的虚拟变量。所有回归控制了行业、所有制、地区等固定效应。括号内标准误群聚到城市层面。*、**和***分别表示在10%、5%和1%的水平上显著。

第六节　结论

要素收入份额是收入分配的重要内容之一，逐渐降低的劳动收入份额会阻碍国民经济向更加注重消费和内需的经济结构进行调整。本章关注我国工业部门的劳动收入份额的变动情况，从理论和实证两方面讨论了企业风险对劳动收入份额的影响。理论分析以 Holmström 和 Milgrom（1987）的经典模型为基础，分析了企业风险变动对劳动收入份额的影响。当企业风险降低时，最优的工资合同将要求较低的固定工资和较高的可变工资激励，这会使劳动者的生产激励提升，产出水平和工资都有所提高。但由于产出增长更快，从而劳动收入份额下降。我们使用1998~2007年的工业企业数据库对上述分析进行了验证，发现企业风险与劳动收入份额正相关，并且这一结果对于不同的子样本、控制变量、风险测度和模型设定都成立。样本期间，企业风险下降了约 24 个百分点，劳动收入份额下降了约 5 个百分点。企业风险下降可以解释 15%~25% 的劳动收入份额变动，这一解释力在统计意义和经济意义上都很显著。对影响机制的分析发现，逐渐降低的企业风险有利于提高人均产出和人均工资，且前者增长更快，这意味着劳动收入份额下降。在工资结构中，固定工资与企业风险正相关，而可变工资与企业风险负相关，这也与理论模型的分析一致。

本章研究表明，劳动收入份额在一定程度上是发展过程中的阶段性现象。这提醒我们，在调整收入分配时需要区分劳动收入份额下降的合理成分和不合理成分。样本期间，我国经济社会稳定，距离技术前沿还有相当的距离，因此通过发挥后发优势取得了高速增长，企业风险普遍降低（刘培林等，2015）。风险变化通过要素市场调整引发的劳动收入份额变动可看作合理（虽然并不合意）的变动。随着技术水平的提升，我国企业越来越接近技术前沿，可以预期企业风险也会相应提高，从而对劳动收入份额产生正向推动力量。但同时必须承认，虽然企业风险对劳动收入份额产生了显著影响，但仍有很多其他因素发挥作用，其中一些是导致劳动收入份额下降的不合理因素，如过高的融资成本和较低的经济开放程度等，从这些因素出发可以为提高劳动收入份额、改善初次收入分配提供有益的指导。

第九章　周期的力量
——经济周期与劳动收入份额

第一节　引言

　　劳动收入份额，即一个经济体总收入中劳动报酬所占的份额。Kaldor（1961）指出，一国的劳动收入份额应当保持稳定，且增长模型应当刻画这种稳定性，这也常被称为卡尔多特征事实（Kaldor's stylized facts）。当总量生产函数使用 Cobb-Douglas 形式时，要素收入份额往往被假设为常值（Gollin，2002）。然而，20 世纪 70 年代以来，世界各国的劳动收入份额普遍经历了一个下行阶段（Dao et al.，2017），形成了对上述理论的挑战。有些学者进一步指出，劳动收入份额的波动有逆经济周期的性质（Gomme and Greenwood，1995；Young，2004）。这些事实都证明，劳动收入份额在增长模型中不应被固定为常数，探究劳动收入份额波动的规律和原因，对于建立正确的宏观和增长模型有重要意义。

　　劳动收入份额同时是衡量一个经济体收入分配情况的重要指标。对于中国劳动收入份额的研究起初多关注于解释我国劳动收入份额的下降阶段，指出这导致了收入分配的公平性恶化（白重恩等，2008；白重恩等，2009；张车伟等，2010）。白重恩等（2009）将我国劳动收入份额的变化归因于产业结构、国有经济的比重、有偏的技术进步、税负水平、对外开放和金融发展等因素。Dao 等（2017）将各国劳动收入份额下行的原因解释为技术进步使得机器替代人工、贸易一体化造成的产业分工、全球化造成的本土劳动力面对国际资本失去议价权。

随着金融危机后我国劳动收入份额走势出现反弹，一些学者开始重视劳动收入份额的"U"形变化趋势（李稻葵等，2009；刘亚琳等，2018），并试图用产业结构以及劳动者相对谈判能力等因素进行解释。

然而，以上这些研究都只注重解释劳动收入份额趋向某一方向的变动，或者某一时期先下降后上升的变化，没有把收入份额同经济周期相关联。Young（2004）指出，劳动收入份额的逆周期性在各国普遍存在，参照 Young 方法计算各国劳动收入份额和实际 GDP 经过 HP 滤波后波动对于趋势的偏离率，表 9-1报告了 OECD 国家的结果，可以看到，各国的劳动收入份额多呈现逆周期性，相关系数平均值为-0.36。美国的 GDP 与劳动收入份额的变化趋势如图 9-1 所示，除 2001 年和 2008 年两次金融危机，美国劳动收入份额都保持着逆周期性。对于各国普遍的周期性的波动，产业结构或者国有企业比重与某一国某一时期发展紧密相关的指标的解释力就值得怀疑了。正确解释劳动收入份额的波动规律，有助于重新审视要素分配的合理性，对于理解我国劳动收入份额的变化有格外重要的意义。

表 9-1　OECD 国家的劳动收入份额逆周期性

国家	Corr（y, lbs）	国家	Corr（y, lbs）	国家	Corr（y, lbs）
瑞士	-0.72	瑞典	-0.53	捷克	-0.16
爱尔兰	-0.71	意大利	-0.53	美国	-0.13
德国	-0.68	日本	-0.51	匈牙利	-0.02
卢森堡	-0.68	英国	-0.48	葡萄牙	-0.01
奥地利	-0.66	斯洛文尼亚	-0.45	希腊	0.10
芬兰	-0.61	荷兰	-0.44	立陶宛	0.12
丹麦	-0.61	斯洛伐克	-0.43	波兰	0.17
比利时	-0.60	澳大利亚	-0.38	拉脱维亚	0.17
法国	-0.58	爱沙尼亚	-0.37	西班牙	0.31
加拿大	-0.54	挪威	-0.37	平均	-0.36

资料来源：OECD. Stat。

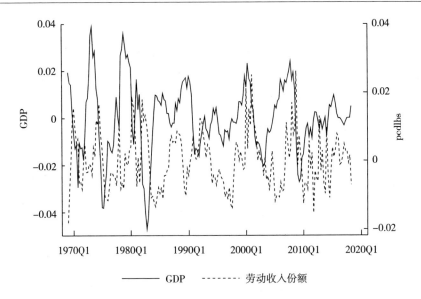

图 9-1 美国 GDP 与劳动收入份额

我国劳动收入份额和经济周期的波动如图 9-2 所示。同样参考 Young（2004）的方法，计算我国劳动收入份额和实际 GDP 经过 HP 滤波后波动对于趋势的偏离率，可以明显地观察到二者具有反向走势。大致而言，从 1993 年开始经济不断下行，劳动收入份额不断上升。在经济经历 2003 年的谷底时劳动收入份额达到顶峰，后随着经济的繁荣劳动收入份额不断降低。2012 以来，中国实际 GDP 增速降低至 7.9%，结束了自 2000 年以来一直保持在 8.0% 以上的高速增长，标志着我国的宏观经济进入了新的下行周期，劳动份额转而上升。两条曲线相关系数为-0.31，与 OECD 国家平均值-0.36 处于同一水平，劳动收入份额逆周期性在我国是成立的。马草原等（2015）用中国省际面板数据证明劳动份额与经济波动是负相关的。

那么，劳动收入份额逆周期的原因是什么呢？劳动收入份额按照定义等于 $\frac{wL}{Y}$，分子是平均工资乘以劳动力，分母是总产出。其逆周期意味着当分母发生波动时分子的波动小于分母。在引入黏性工资的宏观模型中，工资的调整滞后于经济波动，如果企业同时存在利润或者亏损，那么劳动收入份额的逆周期是可以推

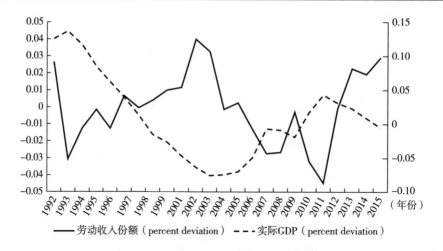

图 9-2 我国劳动收入份额的逆周期性

导出来的结果。使用 1998~2008 年中国工业企业数据库计算城市-行业层面的劳动收入份额、工资、人均增加值与 TFP 的相关性，如表 9-2 所示。可以发现，确实是工资的顺周期性低于人均产出导致了劳动收入份额的逆周期性。

然而，如果要更准确地解释劳动收入份额的波动，还需要对劳动力进一步细分。Tan 等（2018）指出，不同类型劳动力的周期性有显著的不同，中美两国非农业部门劳动力就业表现为高度顺周期，而农业部门劳动力表现为中国高度逆周期，美国无周期。卢锋等（2015）指出，中国的产业间劳动力转移是影响劳动力周期性的重要因素，大量农民工在经济上升期从农业部门涌入非农业部门，在经济衰退期又大量回流，造成了中国部门间劳动力的周期性差异。我国农民工劳动力的顺周期性如图 9-3 所示。将劳动力结构纳入动态模型，是准确解释劳动收入份额波动的关键。

本章将"农民工"这一概念进行推广，进一步抽象为低水平劳动力（Low-skilled Workers）。根据国家统计局《2016 年农民工监测调查报告》，这一群体签订劳动协议的比例很低，仅有 40% 农民工签订了劳动合同，而合同期在一年及以上的不到 20%，受过高中教育的比重也只有 17%。一方面，农民工仍然拥有土地，所以经济下行时容易返回农业生产；另一方面，农民工作为非农业部门的低

表9-2　中国企业劳动收入份额、工资、人均产出与TFP 的相关性①

	MEAN TFP					MEDIAN TFP				
	HP 100	HP 25	HP 400	CF	BW	HP 100	HP 25	HP 400	CF	BW
	(1)	(2)	(3)	(4)	(5)	(6)	(7)	(8)	(9)	(10)
Panel A: 劳动收入份额										
波动/趋势	-0.419***	-0.440***	-0.421***	-0.753***	-0.404***	-0.860***	-0.864***	-0.833***	-1.184***	-0.820***
	(0.088)	(0.096)	(0.083)	(0.116)	(0.083)	(0.118)	(0.132)	(0.112)	(0.158)	(0.111)
Observations	2363744	2363744	2363744	2363744	2363744	2363744	2363744	2363744	2363744	2363744
R-squared	0.164	0.164	0.164	0.164	0.164	0.164	0.164	0.164	0.165	0.164
Number of panelid	643488	643488	643488	643488	643488	643488	643488	643488	643488	643488
Panel B: 对数人均工资										
波动/趋势	0.040***	0.043***	0.038***	0.037***	0.038***	0.042***	0.044***	0.041***	0.040***	0.040***
	(0.004)	(0.004)	(0.004)	(0.005)	(0.004)	(0.006)	(0.006)	(0.006)	(0.007)	(0.006)
Observations	2350952	2350952	2350952	2350952	2350952	2350952	2350952	2350952	2350952	2350952
R-squared	0.318	0.318	0.318	0.318	0.318	0.318	0.318	0.318	0.318	0.318
Number of panelid	638159	638159	638159	638159	638159	638159	638159	638159	638159	638159
Panel C: 对数人均增加值										
波动/趋势	0.249***	0.281***	0.233***	0.203***	0.231***	0.331***	0.380***	0.308***	0.272***	0.303***
	(0.008)	(0.009)	(0.008)	(0.010)	(0.008)	(0.011)	(0.012)	(0.011)	(0.012)	(0.011)
Observations	1948578	1948578	1948578	1948578	1948578	1948578	1948578	1948578	1948578	1948578
R-squared	0.250	0.250	0.249	0.248	0.249	0.250	0.250	0.250	0.248	0.250
Number of panelid	532581	532581	532581	532581	532581	532581	532581	532581	532581	532581

① 本表格的因变量分别为企业层面的劳动收入份额、人均工资和人均增加值，主要的自变量是TFP 的波动。TFP 波动的具体计算方法是城市-行业交叉层面的 TFP 均值（左）或者中位数（右）经过滤波得到的周期性部分，再除以趋势性部分。*、** 和 *** 分别表示在10%、5%和1%的水平上显著。

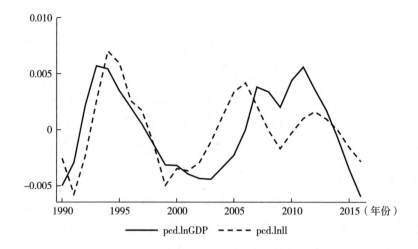

图 9-3 中国农民工劳动力的顺周期性

注：虚线代表农民工，实线代表实际 GDP，二者均为对数化后进行 λ=100 的 HP 滤波并取波动对于趋势的偏离率。1990~2007 年农民工数据来源于卢锋（2012），其余数据来源于国家统计局。

技术工人，劳动合同更不稳定，在经济下行时更容易被优先解雇。Mukoyama 和 Şahin（2006）指出，低水平劳动力在经济下行时优先被解雇这一现象在美国同样成立。

如果一个经济体中所有的劳动力都像"低水平劳动力"这样拥有不稳定的雇佣关系和很高的顺周期性，那么这个经济体应该不存在劳动收入份额的逆周期性，因为企业在观察到经济波动后总能迅速调整劳动力雇佣量和相应的工资水平。真正的问题在于高水平劳动力（High-skilled Workers）的劳动合同更为长期，更不容易被解雇，因此其雇佣量不是完全顺周期的。在存在工资黏性的情况下，劳动报酬的调整将慢于产出的波动，由此得到劳动份额的逆周期性成立。

在引入工资黏性时，必然会引入工作黏性，这是因为二者中如果只有一个固定，那么企业仍然可以通过调整另一项达到 wL 整体的变动幅度与 Y 相当，这时劳动份额将会保持恒定。Fischer（1977）和 Taylor（1980）最早提出了名义工资刚性的非最优化理性预期模型，Erceg 等（2000）将交错价格和交错工资合同的设定引入新凯恩斯的框架。这些模型使用的交错工资合同可以直接推导得到黏性工资和劳动收入份额逆周期的结果，但其假设过于直接，且"交错工资"这一设定缺少实际的现实含义，每期重新订立合同的比例恒定不受周期影响，这都削弱了其可靠性和解释力。本章参考 Hopenhayn 和 Rogerson（1993）的形式，设定高水平劳动力每期雇佣量变化时将付出一定的调整成本，并改进其调整成本函数的形式，得到劳动收入份额逆经济周期波动的结果。

接下来的部分中，第二部分进一步回顾相关文献，第三部分在区分两种劳动力和引入调整成本的情况下建立动态的真实经济周期（Real Business Cycle）模型，第四部分结合实证数据计算模型的仿真结果，第五部分进行讨论并给出政策建议。

第二节 文献综述

一、中国劳动报酬数据

我国劳动报酬的数据来源传统上主要是省级汇总的收入法 GDP 数据，但随着对于我国劳动收入份额走势的研究不断深入，越来越多的学者对数据质量和统计口径产生了怀疑。白重恩等（2009）指出，我国劳动收入份额在 2004 年的下降绝大部分是统计口径调整导致的。张车伟等（2012）、张车伟等（2015）指出，对于自雇部门收入在劳动收入和资本收入之间的划分问题是影响我国劳动收入份额数据质量的关键问题。具体而言，2004 年国家统计局将自雇经济中农业部分完全划归为劳动收入，将自营户部分完全划归为资本收入，导致劳动收入份额大幅降低。实际上，统计局在 2008 年又执行了新的划分方法，即按照非自雇经济中类似规模企业的要素份额，将自雇经济中企业的收入进行分割。如果说2004 年的改动还能够通过其他来源的宏观数据进行调整，那么 2008 年的数据变化就基本不可能进行调整了。如刘亚琳等（2018）的研究按照白重恩等的方法调整了 2004 年劳动收入份额的骤降，但仍保留了 2008 年劳动收入份额的骤升。

以上学者对于我国全国层面劳动收入份额的计算主要使用的数据来源是收入法 GDP。这一数据是全国各省份汇总而来的数据，好处在于可以进行跨省研究，但缺陷在于全国层面的统计精度低于更广泛使用的生产法 GDP。前者相对于后者存在明显的高估。另一个劳动收入份额的数据来源是资金流量表，其缺点在于时间跨度稍短，更新较收入法 GDP 慢，没有分省或者分产业数据，但其优点在于数据质量更优，其增加值加总和生产法 GDP 基本没有差异。吕光明（2015）指出，资金流量表对于劳动报酬的口径更为统一和合理，收入法 GDP 的回溯修订工作由各省统计局自行进行，进度不一，甚至会发生同一时期不同省份的数据执行不同标准的情况。肖文等（2010）对比了两个数据来源的劳动报酬，指出资金流量表的平稳性要明显好于收入法 GDP。这两个来源对比如图 9-4 所示，可以看到 2008 年公布的收入法 GDP 仍然存在两个明显的跳跃，而资金流量表来源的数据平缓了很多。最重要的是，2008 年的数据调整会造成中国劳动收入份额拐点发生在 2008 年的错觉，而实际上如果我们不计这一跃升，或者按照资金流量表来源的数据，我国劳动份额的拐点都应该发生在 2012 年！这一变化对研究我国劳动收入份额"U"形变化的文献尤其关键。另外，虽然资金流量表的数据只能追溯到 1992 年，我们也能清晰地看出劳动收入份额应该是一个周期性波动的序列，而不仅是一个"U"形的图像。因此，结合资金流量表数据分析我国劳动收入份额逆周期性是十分必要的。

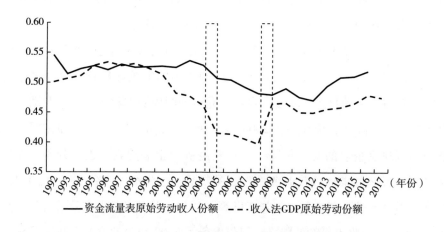

图 9-4　资金流量表和收入法 GDP 的劳动收入份额

二、相关理论模型

在 Cobb-Douglas 形式的生产函数下，如果企业遵循零利润、工资等于劳动力边际产出的原则进行雇佣，那么劳动收入份额必定恒定。如果使用 CES 生产函数，当要素替代弹性小于 1 的时候可以推导出劳动收入份额的逆周期性，但这样的做法过于直接，本质上等价于直接设定了劳动份额的逆周期性。关于中国的要素替代弹性是大于 1、小于 1 还是等于 1，相关研究并没有学界公认的定论章上峰等（2017）。另外，各种口径测算的世界各国的要素替代弹性可能分布在 1 的周围，如何来解释劳动份额逆周期在世界各国普遍发生？因此，在 Cobb-Douglas 形式的生产函数基础上引入摩擦更好的解释方案。

对于劳动份额的逆周期性，学者们的研究多集中在其带来的影响，而没有提出模型很好地解释其发生机制。Gomme 和 Greenwood（1995）建立了一个分工人和企业家的完全保险的 Arrow-Debreu 经济，Young（2004）直接假设 Cobb-Douglas 生产函数中资本 K 对应的指数 α 是随时间不断上升的，那么劳动份额会直线下降。Quadrini 和 Trigari（2007）将劳动力分派到公共部门和私人部门，并直接设定前者的工资是相对固定的。Mukoyama 和 Şahin（2006）将劳动力区分为技术型劳动力和非技术型劳动力，并直接假设后者在经济下行时会先被裁员。这些模型有助于分析逆周期性带来的福利影响，但难以解释逆周期性的存在。

如前文所述，以 Fischer（1977）、Taylor（1980）、Erceg 等（2000）为代表的交错工资合同模型在解释这一问题时同样过于简单。Hopenhayn 和 Rogerson（1993）建立了一个减少雇佣会给企业产生惩罚税的一般均衡模型，企业在每个期初可以选择留下或者退出，如果留下将得到一个技术水平 s，支付固定成本 c、劳动调整成本 g 和工资进行生产；如果选择退出将支付劳动调整（归零）成本并永远退出。作者用企业级别的数据进行校准，发现这样的惩罚税率如果等于一年的工资，会导致雇佣水平降低 2.5%，导致需求和平均生产率降低超过 2 个百分点。可以看到，这一设定对于引入工资黏性是更为深刻的，企业因为调整成本而产生工作黏性和工资黏性。但是，这一模型并非用来进行经济周期的分析，还需要对其设定进行调整才能用来进行劳动份额周期性的讨论。

在中国劳动力结构的研究方面，Tan 等（2018）观察到随着非农就业的提高，非农部门的劳动生产率（相对于农业）反而下降了，也就是农民工进城拉低了非农的生产率并拉高了农业的平均生产率。为了解释这个问题，Tan 等（2018）将农业部门分为"只有劳动投入的传统农业"和"需要资本投入的新农业"，劳动力从传统农业向制造业转移，提高了新农业占比和农业平均生产率。但这一模型依赖于不同部门的外生技术进步率，从总量上看对劳动收入份额拐点的解释力有限。

第三节　模型设定

经济体中包含两种劳动力，分别为高技术劳动力 L_h 和低技术劳动力 L_l。如前文所述，我们可以将 L_h 理解为一般职工、将 L_l 理解为农民工。高技术劳动力每期之间进行雇佣人数调整时，要付出一个调整惩罚 $g(L_{h,t}, L_{h,t-1}, Y_t)$，低技术劳动力的雇佣人数可以自由调整。这一设定反映了高水平劳动力的工作更为稳定，劳动合同更长，且劳动力供给有限。在提高其供给时，由于 skill-mismatch 需要付出更高的搜寻成本，雇佣第一年需要付出更高的培训成本；在降低其雇佣量时，由于其劳动合同和社会保障更为完备，也需要支付一定程度的解约成本，需要通过政府间接支付的失业保障。

一、家户问题

假设两种测度为 1 的家户有着 CRRA 型效用函数，其中，$i = h, l$ 分别代表高水平和低水平劳动力：

$$U(C_{it}, L_{it}) = \frac{C_{it}^{1-\sigma}}{1-\sigma} - \theta L_{it}$$

我们假设高水平劳动力拥有企业和资本，并进行跨期消费优化。而低水平劳动力不拥有资本，每期在劳动和休闲之间权衡，根据工资水平决策工作时间，并将工资收入用于消费。西南财经大学的《2015 中国家庭金融报告》显示，中国储蓄最多的 10% 家庭拥有全部储蓄的 75%，另外 35% 储蓄次多的家庭占有全部储蓄的25%，其余55%的家庭所拥有的资产为零，也就是说几乎可以忽略不计。徐涵（2018）通过 CFPS 数据发现，中国储蓄率和家庭收入正相关，低收入家庭的储蓄率明显低于中高收入家庭。因此，我们认为高水平劳动力家庭拥有资本的假设是符合现实的。

低水平劳动力家庭的一阶条件为：

$$w_{lt} = \theta^{\frac{1}{1-\sigma}} L_{lt}^{\frac{\sigma}{1-\sigma}}$$

高水平家庭面对的预算约束为：

$$C_{h,t} + K_{t+1} = (1-\delta+r_t)K_t + w_{h,t}L_{h,t} + \pi_t$$

需要最优化无穷期折现的效用：

$$\max_{C_{ht}, L_{ht}} \sum_t^\infty \beta^t E_t \left(\frac{C_{ht}^{1-\sigma}}{1-\sigma} - \theta L_{ht} \right)$$

其中，Bellman 方程可以写为：

$$V(K_t, A_t, L_{h,t-1}) = \max_{C_{h,t}, L_{h,t}} \left\{ \frac{C_{h,t}^{1-\sigma}}{1-\sigma} - \theta L_{h,t} + \beta E_t \left[V(K_{t+1}, A_{t+1}, L_{h,t}) \mid A_t \right] \right\}$$

代入资本积累约束，得到：

$$V(K_t, A_t) = \max_{K_{t+1}, L_{ht}} \left\{ \frac{\left[(1-\delta+r_t)K_t + w_{h,t}L_{h,t} + \pi_t - K_{t+1} \right]^{1-\sigma}}{1-\sigma} - \theta L_{h,t} + \beta E_t \left[V(K_{t+1}, A_{t+1}) \mid A_t \right] \right\}$$

其中，K_{t+1} 和 L_{ht} 是控制变量，一阶条件为：

$$\frac{\partial V(K_t, A_t)}{\partial K_{t+1}} = 0 = -\left[(1-\delta+r_t)K_t + w_{h,t}L_{h,t} + \pi_t - K_{t+1} \right]^{-\sigma} + \beta E_t \left[V_1(K_{t+1}, A_{t+1}) \mid A_t \right]$$

$$\frac{\partial V(K_t, A_t)}{\partial L_{ht}} = 0 = \left[(1-\delta+r_t)K_t + w_{h,t}L_{h,t} + \pi_t - K_{t+1} \right]^{-\sigma} w_{h,t} - \theta$$

包络定理的条件是：

$$\frac{\partial V(K_t, A_t)}{\partial K_t} = \left[(1-\delta+r_t)K_t + w_{h,t}L_{h,t} + \pi_t - K_{t+1} \right]^{-\sigma}(1-\delta+r_t)$$

可以求得欧拉方程：

$$\left[(1-\delta+r_t)K_t + w_{h,t}L_{h,t} + \pi_t - K_{t+1} \right]^{-\sigma} = \beta E_t \left\{ \left[(1-\delta+r_{t+1})K_t + w_{h,t+1}L_{h,t+1} + \pi_{t+1} - K_{t+2} \right]^{-\sigma} (1-\delta+r_{t+1}) \mid A_t \right\}$$

二、企业问题

企业部门需要雇佣两种劳动力进行生产，经济中的生产函数为 Cobb-Douglas 形式，此处的产出及投入经过了去趋势处理：

$$Y_t = A_t F(K_t, L_{h,t}, L_{l,t}) = A_t K_t^{1-\alpha_1-\alpha_2} L_{h_t}^{\alpha_1} L_{l_t}^{\alpha_2}$$

由于劳动被分成了两部分，其中，$\alpha_1 + \alpha_2$ 相当于传统两部门生产函数中劳动对应的 α。技术冲击为：

$$\ln A_{t+1} = \rho \ln A_t + \varepsilon_{t+1}$$

在经典的 RBC 模型中，企业只进行当期决策，但我们的模型中引入了调整成本，因此企业在决策时需要考虑本期雇佣的高水平劳动力对于下期可能支付的调整成本的影响。这可能会使企业在面对短期冲击时不作出过大的反应，或者企业在一个持续增长的经济中预期未来对高技术劳动力的需求将会增加，因此在两期之间平滑调整成本。因为企业的拥有者是高水平劳动力，我们假设企业会将其利润以高水平家庭的效用形式进行折现，具体形式为：

$$\max_{C_{ht}, L_{ht}, K_t} \sum_t^\infty \beta^t E_t \left[U'(C_{h,\ t}) \pi_t \right]$$

其中，$\pi = \max\limits_{L_{h,t}, L_{l,t}, K_t} A_t K_t^{1-\alpha_1-\alpha_2} L_{h,t}^{\alpha_1} L_{l,t}^{\alpha_2} - w_{h,t} L_{h,t} - w_{l,t} L_{l,t} - r K_t - g(L_{h,t},\ L_{h,t-1},\ Y_t)$

惩罚函数为 $g(L_{h,t},\ L_{h,t-1},\ Y_t) = c Y_t \left(\dfrac{L_{h,t} - L_{h,t-1}}{L_{h,t-1}} \right)^2$，这里的形式有两个性质：

（1）保证惩罚为正，在调整幅度为零点附近是连续且具有凸性的。这意味着当调整水平很小时，边际上不需要付出太多调整成本，但如果要一次性大量雇佣高水平劳动力，或者大范围裁员，需要支付的边际成本会大大增加。

（2）在零点附近，$\left(\dfrac{L_{h,t} - L_{h,t-1}}{L_{h,t-1}} \right)^2$ 与 $\left| \dfrac{L_{h,t} - L_{h,t-1}}{L_{h,t-1}} \right|$ 的方向相同，经过适当常数 c_1 的调整，二者大致相当。函数设定中的 c 可以认为包含了 c_1 与 α_1。$\alpha_1 Y_t$ 大致相当于每期 L_h 所贡献的产出。惩罚函数的经济学直觉可以理解为，每期高水平劳动力中相当于调整比例的部分并没有进行有效的生产，或者每期高水平劳动力创造的产出中有相当于其调整比例的部分被用来支付了调整成本。我们每期所观察

到的高水平劳动力的净调整额一定小于实际发生的调整量，而调整成本是相对于实际调整而言的。比如，企业在某年同时解雇和新雇了一名高技术劳动力，净调整量为零，但仍然要付出调整成本。因此 c_1 还包括了从净摩擦到实际摩擦的转换。

设 $\Phi_t = \left[1 - c\left(\dfrac{L_{h,t} - L_{h,t-1}}{L_{h,t-1}} \right)^2 \right] = 1 - \dfrac{g_t}{Y_t}$，也就是 1 减调整成本与潜在产出的比。

将惩罚函数带入企业利润最大化问题，得到：

$$\pi = \max_{L_{h,t}, L_{l,t}, K_t} A_t K_t^{1-\alpha_1-\alpha_2} L_{h,t}^{\alpha_1} L_{l,t}^{\alpha_2} \Phi_t - w_{h,t} L_{h,t} - w_{l,t} L_{l,t} - r K_t$$

我们可以写出企业的 Bellman 方程：

$$W(A_t, L_{h,t-1}) = \max_{L_{h,t}, L_{l,t}, K_t} \left\{ \pi_t + \beta \frac{U'(C_{h,t+1})}{U'(C_{h,t})} E_t \left[W(A_{t+1}, L_{h,t}) \mid A_t \right] \right\}$$

K_t 和 $L_{l,t}$ 的一阶条件为：

$$w_{l,t} L_{l,t} = \alpha_2 Y_t \Phi_t$$

$$r_t K_t = (1 - \alpha_1 - \alpha_2) Y_t \Phi_t$$

$L_{h,t}$ 的一阶条件涉及跨期决策：

$$w_{h,t} = \frac{\alpha_1 Y_t}{L_{h,t}} \Phi_t - 2c Y_t \frac{L_{h,t} - L_{h,t-1}}{L_{h,t-1}^2} + \beta E_t \left[\frac{U'(C_{h,t+1})}{U'(C_{h,t})} W_2(A_{t+1}, L_{h,t}) \mid A_t \right]$$

包络定理得：

$$W_2(A_t, L_{h,t-1}) = Y_t \left[-2c \frac{(L_{h,t} - L_{h,t-1})(L_{h,t} - 2L_{h,t-1})}{L_{h,t-1}^3} \right]$$

故企业的欧拉方程整理得：

$$w_{h,t} = \frac{\alpha_1 Y_t}{L_{h,t}} \Phi_t - 2c Y_t \frac{L_{h,t} - L_{h,t-1}}{L_{h,t-1}^2} - \beta E_t \left\{ \frac{U'(C_{h,t+1})}{U'(C_{h,t})} Y_{t+1} \left[2c \frac{(L_{h,t+1} - L_{h,t})(L_{h,t+1} - 2L_{h,t})}{L_{h,t}^3} \right] \mid A_t \right\}$$

基于以上设定可以求得利润为：

$$\pi = 2c Y_t L_{h,t} \frac{L_{h,t} - L_{h,t-1}}{L_{h,t-1}^2} - 2c E_t \left\{ \frac{Y_{t+1}}{(1-\delta+r_{t+1})} \left[\frac{(L_{h,t+1} - L_{h,t})(2L_{h,t} - L_{h,t+1})}{L_{h,t}^2} \right] \mid A_t \right\}$$

三、均衡与稳态

将企业问题的一阶条件代入之前家庭问题整理得到的一阶条件，可以将其简化为：

$$\left[\,(1-\delta)K_t+(1-\alpha_2)Y_t\Phi_t-K_{t+1}\right]^{-\sigma}(1-\alpha_2)\left[\left(\frac{\alpha_1Y_t}{L_{ht}}\right)\Phi_t-2cY_t\frac{L_{h,t}-L_{h,t-1}}{L_{h,t-1}^2}\right]$$

$$=\beta E_t\left\{\left[\,(1-\delta)K_{t+1}+(1-\alpha_2)Y_{t+1}\Phi_t-K_{t+2}\right]^{-\sigma}(1-\alpha_2)Y_{t+1}\left[2c\frac{(L_{h,t+1}-L_{h,t})(L_{h,t+1}-2L_{h,t})}{L_{h,t}^3}\right]\,\Big|\,A_t\right\}+$$

$$\theta C_{h,t}^{-\sigma}\left[\left(\frac{\alpha_1Y_t}{L_{ht}}\right)\Phi_t-2cY_t\frac{L_{h,t}-L_{h,t-1}}{L_{h,t-1}^2}\right]=\beta E_t\left\{C_{h,t+1}^{-\sigma}Y_{t+1}\left[2c\frac{(L_{h,t+1}-L_{h,t})(L_{h,t+1}-2L_{h,t})}{L_{h,t}^3}\right]\,\Big|\,A_t\right\}+$$

$$\theta w_{h,t}=\frac{\theta}{C_{h,t}^{-\sigma}}$$

家庭问题的另一个一阶条件可以简化为：

$$C_{h,t}^{-\sigma}=\beta E_t\left[\,C_{h,t+1}^{-\sigma}(1-\delta+r_{t+1})\,\big|\,A_t\right]$$

资本的跨期运动方程为：

$$K_{t+1}=(1-\delta)K_t-C_{h,t}+(1-\alpha_2)Y_t\Phi_t$$

在稳态时，C_h、L_h、A 恒定，则有：

$$\bar{r}=\frac{1}{\beta}-1+\delta$$

$$\bar{w}_h=\frac{\theta}{\overline{C}_h^{-\sigma}}$$

$$\bar{w}_l=\theta^{\frac{1}{1-\sigma}}\overline{L}_l^{\frac{\sigma}{1-\sigma}}$$

结合企业一阶条件：

$$\bar{w}_l\overline{L}_l=\alpha_2\overline{Y}$$

$$\bar{w}_h\overline{L}_h=\alpha_1\overline{Y}$$

整理得：

$$\frac{\theta}{\overline{C}_h^{-\sigma}}=\frac{\alpha_1\overline{Y}}{\overline{L}_h}$$

$$\theta^{\frac{1}{1-\sigma}}\overline{L}_l^{\frac{1}{1-\sigma}}=\alpha_2\overline{Y}$$

$$\left(\frac{1}{\beta}-1+\delta\right)\overline{K}=(1-\alpha_1-\alpha_2)\overline{Y}$$

$$\overline{C}_h = \left(\frac{1}{\beta}-1\right)\overline{K}+\alpha_1\overline{Y}$$

结合稳态下的生产函数:

$$\overline{Y}=\overline{K}^{1-\alpha_1-\alpha_2}\overline{L_h}^{\alpha_1}\overline{L_l}^{\alpha_2}$$

解以上四个方程,可得稳态下的各变量$\ln L_h^*$、$\ln L_l^*$、$\ln K^*$、$\ln Y^*$和$\ln C^*$。

四、劳动收入份额的动态变化

由以上信息可以计算劳动收入份额为:

$$\text{labor share} = \frac{w_{h,t}L_{h,t}+w_{l,t}L_{l,t}}{Y_t\Phi_t}$$

$$=\alpha_1+\alpha_2+2-2\frac{1+c\eta_t}{1-c\eta_t^2}-2cE_t\left[\frac{Y_{t+1}}{(1-\delta+r_{t+1})Y_t}\left(\frac{1}{\Phi_t}\eta_{t+1}^2-\frac{\eta_{t+1}}{\Phi_t}\right)\mid A_t\right]$$

其中,我们定义$\eta_t=\dfrac{L_{h,t}-L_{h,t-1}}{L_{h,t-1}}$为高水平劳动力的调整率,已知$\eta$是顺周期的

且有$\Phi_t=1-c\eta_t^2$。当$c=1$时,上式中第四项$-2\dfrac{1+c\eta_t}{1-c\eta_t^2}$对于$\eta_t$的导数是小于等于

零的,当$c>1$时,导数一定小于零,则该项的逆周期性成立。现在我们考察最后一项,在稳态附近,如果当期发生了正的生产率冲击,高水平劳动力的变化可能有两种可能:

(1)出于降低调整成本的目的,高水平劳动力可能不会在当期达到最高,而可能分成两期逐步提高,然后逐期降低。

(2)高水平劳动力直接在当期调整达到顶点,然后从下一期开始逐步降低。

这两种情况取决于 TFP 序列的自相关性,但无论哪一种情况发生,下一期的调整幅度都应当是和本期调整幅度正相关的。也就是说,当期发生的正向冲击越大,内生变量当期的变化率越大,下一期该变量的变化率同样越大。这样,我们

可以分别推导出最后一项中$\dfrac{1}{(1-\delta+r_{t+1})}$、$\dfrac{Y_{t+1}}{Y_t}$、$\dfrac{1}{\Phi_t}\eta_{t+1}^2$和$\dfrac{\eta_{t+1}}{\Phi_t}$都是逆周期的,因此劳动收入份额是逆周期的。具体而言,当$\eta=0$时,劳动收入份额等于$\alpha_1+\alpha_2$,相当于退化至标准 Cobb-Douglas 生产函数给出的结果。但当经济向好,$\eta>0$时,

劳动收入份额下降。当经济紧缩，$\eta<0$ 时，衰退带来劳动收入份额的上升。

第四节　实证模拟

我们通过宏观数据确定模型中各变量各参数的取值，并模拟中国劳动收入份额走势。总产出 Y 是中国的实际 GDP 数据，总资本 K 的数据参考张军等（2003）的方法，通过永续盘存法将上一期资本折旧再加上当期实际的固定资产形成额得到，低水平劳动力 L_l 数据由农民工数量度量，高水平劳动力 L_h 为第二、第三产业就业总数减去农民工数量。除 1990~2007 年农民工数据转引自卢锋（2011）外，其他数据全部来源于中国国家统计局。通过 $\lambda=100$ 的 HP 滤波，将这些变量去趋势得到波动项。

在我们的设定中，高水平劳动力的周期性应低于低水平劳动力的周期性，也就是说，低水平劳动力雇佣量与产出的相关性更强。因此，如果使用一般的回归法确定生产函数系数，会导致高水平劳动力收入份额较低的反事实结果。所以，我们通过实证数据 $\dfrac{w_i L_i}{Y}$ 校准两种劳动力投入所对应的劳动收入份额。1992~2015 年高、低两种劳动力的平均劳动收入份额分别为 39% 和 12%，我们以之作为 α_1、α_2 的估计。由图 9-5 可以看出，二者长期围绕均值小幅波动，比较稳定，说明我们使用的农民工数据是可靠的。

根据生产函数对数化写出估计 A_t 的方程：

$$\ln A_t = \ln Y_t - (1-\alpha_1-\alpha_2)\ln K_t - \alpha_1 \ln L_{h_t} - \alpha_2 \ln L_{l_t}$$

其中，$Y_t = \dfrac{GDP_t}{\Phi_t}$，$A_t$ 的波动如图 9-6 所示，符合我们对于中国经济周期的既有感知。

A_t 的数据生成过程是 $\ln A_{t+1} = \rho \ln A_t + \varepsilon_{t+1}$，通过自回归我们可以估计得到 $\rho=0.85$，ε 的标准差为 0.02。参考文献中的取值，我们将其他参数设定为 $\beta=0.98$，$\delta=0.1$，$\theta=0.5$，$\sigma=0.8$。参数 c 决定了调整成本的大小，因而决定了冲击发生时

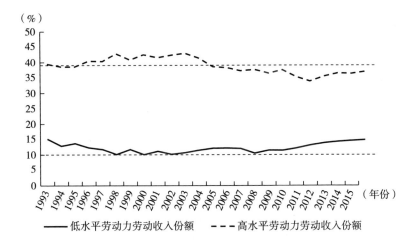

图 9-5　两种劳动投入所对应的收入份额

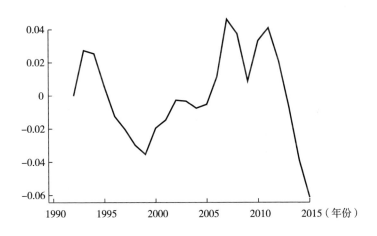

图 9-6　中国全要素生产率波动

两种劳动力的调整幅度，选择 c 使得对高水平劳动力标准差与低水平劳动力的标准差之比的拟合最符合实际，得到 $c=3$。通过 dynare 软件计算得到稳态，用一阶近似脉冲响应函数，如图 9-7 所示，展示了稳态附近 ε 单期上升一个标准差所带来的冲击。

图 9-7（8）是劳动收入份额的变化，可以看到正的冲击使得劳动收入份额下降，并逐渐恢复至稳态值。证明了在引入劳动力结构和调整成本情况下劳动收

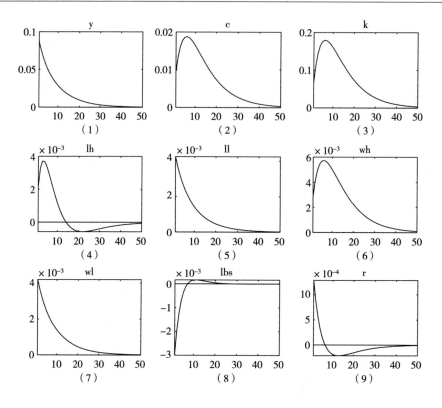

图 9-7　脉冲响应函数

入份额逆周期性的成立。图 9-7（4）展示了高水平劳动力的变化，可以看到在正向的技术冲击发生后，为了降低调整成本，高水平劳动力在第一期内并没有一步调整到位，而在第二期继续上升到达顶点。在经济逐渐恢复至稳态的过程中，高水平劳动力的雇佣量逐渐降低，调整成本进一步降低了产出，会引发"超调"再从反方向回归稳态的现象。

　　将中国 1994~2015 年外生冲击 ε 的变动带入模型，可以模拟得到中国劳动收入份额的波动，模拟结果并与实际数据对比如图 9-8 所示。从图中可以看到模型对于劳动收入份额的模拟结果与实际数据走势基本一致，唯一较大的差异发生在2002 年。回顾图 9-4 可以发现，2002 年由资金流量表和收入法 GDP 计算的劳动收入份额走势相反，因此劳动收入数据质量问题可能是差异的原因。总体而言，通过本模型得到的结果较好地模拟了中国劳动收入份额的波动。

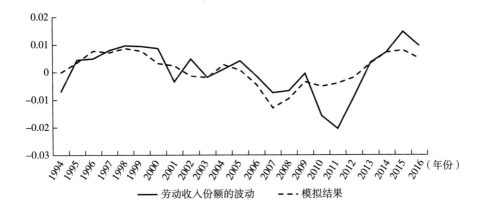

图 9-8 模型模拟的劳动收入份额波动

第五节 结论与展望

本章在中国和世界层面讨论了劳动收入份额的逆周期性，证明了其存在性，指出逆周期性是对我国劳动收入份额研究从"下行趋势"到"'U'形趋势"再之后进一步的讨论。本章将周期性各不相同的高水平劳动力和低水平劳动力进行区分，用农民工作为低水平劳动力的代表，引入劳动结构和每期调整高水平劳动力雇佣需支付的调整成本后，以建立真实经济周期（Real Business Cycle）模型，并用中国宏观数据对模型进行校准和仿真，实证结果显示劳动收入份额的逆周期性成立。

劳动收入份额的变化是逆周期的，这一现象对于各国而言普遍如此，因此对于我国劳动收入份额的变化不必太过惊奇。我国经济进入新常态，劳动收入份额因而上升，这有助于改善收入分配公平性，此时出台鼓励消费的政策更有利于经济回暖。在经济转入扩张期时，政府要注意使用二次分配以避免收入不平等的恶化。

第十章　结论：从初次分配到共同富裕

共同富裕是社会主义的本质要求。早在 2012 年 11 月 15 日十八届中央政治局常委同中外记者见面时，习近平总书记就强调人民对美好生活的向往就是我们的奋斗目标，强调要坚定不移走共同富裕的道路。2020 年 10 月，习近平总书记在关于《中共中央关于制定国民经济和社会发展第十四个五年规划和二〇三五年远景目标的建议》的说明中指出，"共同富裕是社会主义的本质要求，是人民群众的共同期盼。我们推动经济社会发展，归根结底是要实现全体人民共同富裕。"①。2021 年 2 月，习近平总书记宣布我国脱贫攻坚战取得了全面胜利，标志着我们党在团结带领人民创造美好生活、实现共同富裕的道路上迈出了坚实的一大步。

在我国进入新发展阶段、贯彻新发展理念、构建新发展格局过程中，必须更加注重实现共同富裕问题。2021 年 5 月 1 日出版的第 9 期《求是》杂志发表习近平总书记的重要文章《把握新发展阶段，贯彻新发展理念，构建新发展格局》，再次强调"实现共同富裕不仅是经济问题，而且是关系党的执政基础的重大政治问题。"② 十三届全国人大四次会议表决通过《国民经济和社会发展第十四个五年规划和 2035 年远景目标纲要》明确要求，"坚持居民收入增长和经济增长基本同步、劳动报酬提高和劳动生产率提高基本同步，持续提高低收入群体收入，扩大中等收入群体，更加积极有为地促进共同富裕。"③

共同富裕的实现需要完善收入分配体制，而收入分配的基础是初次分配，特

---

① 人民网 http://cpc.people.com.cn/n1/2020/1104/c64094-31917783,html。
② 习近平.把握新发展阶段，贯彻新发展理念，构建新发展格局.求是，2021（9）。
③ 中国政府官网 http://www.gov.cn/xinwen/2021-03/13/content_5592681,htm。

别是初次分配中劳动与资本要素所有者的分配问题，其核心表征变量即为劳动收入份额。本书集中研究了我国劳动收入份额的变动原因，得到以下结论：

（1）市场力量越强的企业，劳动收入份额越低，并且这一结论对于不同的变量、样本和模型设定都十分稳健。1988~2007年，逐步增强的市场力量可以解释劳动收入份额下降的10%；对于连续存在的企业，解释力度为30%。市场力量对劳动收入份额的影响在不同所有制企业、出口和内销企业、轻重工业和不同地区之间也存在异质性。

（2）使用信息技术的企业的劳动收入份额更高，并且这一结论对于不同的变量、样本和模型设定都十分稳健。信息技术的分配效应也存在异质性，在内资企业、内销企业、东部地区的企业表现得更加明显。对影响机制的讨论表明，使用信息技术在提高企业增加值的同时，更大幅度地提高了平均劳动报酬，从而导致初次分配更加偏向劳动。

（3）本书构建模型说明，企业策略性的债务融资可以提升企业在劳资谈判中的议价能力，进而压低劳动收入份额，不利于改善收入分配格局。基于工业企业数据库的实证分析发现，1998~2008年不断攀升的企业负债显著降低了劳动收入份额。与理论预测一致，企业负债和劳动收入份额的关系随着企业所有制性质、劳动密集度、工会力量和债务类型而变动。

（4）减税能够提高劳动收入份额。异质性分析显示，减税对劳动收入份额的影响在不同类型企业间存在差异，说明有针对性的结构性减税更有利于优化初次分配格局。

（5）中国工业部门劳动收入份额变化的原因也和企业风险有关。通过扩展Holmström和Milgrom（1987）的经典模型，说明企业风险降低将使劳动者努力程度提高，产出水平和工资都得以增长，但产出增长更快，因而劳动收入份额下降。实证研究支持上述分析，企业风险与劳动收入份额正相关，并且这一结果在使用替代性的风险指标和不同的模型设定时都表现稳健。对影响机制的考察发现，企业风险降低时，人均产出比工资增长更快，且工资结构中固定工资份额下降，这与理论分析的预测一致。

（6）在21世纪初的中国经济高速增长期，中国的劳动收入份额一路下降，然而 2012 年中国经济增速进入下行通道以来，由资金流量表计算的劳动收入份额由降转升。逆周期性是对我国劳动收入份额研究从"下行趋势"到"'U'形趋势"更为本质的讨论。本章将周期性各不相同的高水平劳动力和低水平劳动力进行区分，用农民工作为低水平劳动力的代表，引入劳动结构和每期调整高水平劳动力雇佣需支付的调整成本后，建立真实经济周期（Real Business Cycle）模型，并用中国宏观数据对模型进行校准和仿真。结果较好吻合了中国劳动收入份额逆周期的现实。

虽然现有研究（包括本书的研究内容）全面、深入地分析了我国劳动收入份额的现状和成因，取得了丰富的研究成果，但仍有一些细分领域需要更多的探索。

（1）金融危机以来的新变化值得更深入的研究，包括两个方面的内容。一方面，现有研究从微观和宏观层面都对金融危机之前的劳动收入份额进行了细致的测算，但对金融危机之后劳动收入份额的新变化，现有的测算十分粗糙，尤其缺乏基于大样本微观数据的描述性分析。另一方面，研究金融危机之前劳动收入份额下降的文献很多，但只有少数文献指出的因素可以同时解释金融危机之后劳动收入份额的提高，因此我们仍需要更广泛的研究，并将其与金融危机之前的情况进行比较分析。

（2）在研究劳动收入份额影响因素的文献中，大部分研究使用简约式（Reduced-form）回归研究某些特定因素对劳动收入份额的影响，在两个方面仍有所欠缺。一方面，现有研究忽略了考察各类因素影响劳动收入份额的经济社会环境。比如，资本深化或有偏型技术进步影响劳动收入份额的方向，取决于要素之间的替代弹性（郭凯明，2019），而我国现阶段生产过程中的要素替代弹性处于怎样一个范围，文献里仍未有可靠的判断。比如，申广军等（2018）发现增值税减税有助于提高劳动收入份额，Li 等（2021）发现企业所得税减税则降低了劳动收入份额。除了税种差异，二者的重要区别可能在于申广军等（2018）研究的工业企业与 Li 等（2021）研究的服务业有着不同的要素替代弹性。另一方面，现有研究缺少一般均衡的研究框架，无法厘清并准确测度各因素对劳动收入份额的真实影响效应。例如，绝大多数文献将技术进步视为外生影响因素①，但Acemoglu（2002）指出，国际贸易会导致技术进步偏向技能劳动力，因此，技术进步与全球化对劳动收入份额的作用并不能完全区分开：全球化得益于技术进步，又有助于技术进步的扩散（IMF，2017）。

（3）研究劳动收入份额除针对指标测算、基本事实和成因解释，当前还缺少一个重要的研究方向——劳动收入份额造成的影响，其中最重要的是对收入分配和经济增长的影响。

第一，劳动收入份额如何影响居民收入分配的最终格局。劳动收入份额属于功能性分配的范畴，而居民收入分配属于规模性分配的范畴，经济学家虽然重视收入分配的研究，但对两类分配的研究各行其道，很少探究二者之间的关系（Atkinson，2009；周明海等，2012）。表面上看，二者存在相当直接的联系：功能性分配是规模性分配的基础和起点，功能性分配经过社会转移支付的再分配过程，即可形成最终分配格局。但实际情况更加复杂。由于各类要素收入都流入家庭部门，所以要素收入份额对最终分配格局的影响，在很大程度上取决于要素在家庭之间的分布（郭庆旺和吕冰洋，2012）。一种极端的情况是，如果资本和劳动要素在家庭之间平均分配，那么劳动收入份额的变化不会对最终分配产生任何影响。因此，要素收入分配与居民收入分配的关系在很大程度上是实证问题。国外的研究显示，劳动收入份额与基尼系数呈负相关关系（Daudey and García-Peñalosa，2007；Checchi and García-Peñalosa，2008）。周明海和姚先国（2012）考察了1978~2006年我国劳动收入份额和基尼系数的变动模式，发现二者呈反向变动关系，相关系数高达-0.83。这是因为，居民收入中劳动收入不平等程度低于资本收入不平等程度，要素收入分配向劳动倾斜将有助于缩小居民收入分配差距（郭庆旺和吕冰洋，2012）。但上述研究主要是描述分析，要确认二者的关系，仍需严格的实证检验。

第二，劳动收入份额如何影响经济增长。无论是从供给侧，还是需求侧研究经济增长的理论，都会涉及劳动收入份额。

---

① 少数文献，如张莉等（2012），提出并检验了国际贸易会影响技术进步的偏向，进一步通过该渠道影响劳动收入份额的变化的结论。

一方面，传统的供给学派理论强调资本积累对经济增长的重要性，认为经济增长会以牺牲劳动收入份额为代价。而在内生经济增长理论中，如罗默的知识积累模型和强调人力资本的卢卡斯模型认为，如果劳动收入份额对技术进步和人力资本积累有利，那么就会对经济增长产生正向影响。此外，从劳动收入份额的表达式看，劳动收入份额可以看作实际工资增长与平均劳动生产率的相对变化 $\left(\dfrac{w}{P}\Big/\dfrac{y}{L}\right)$。因此，当维持实际工资增长率相对稳定时，劳动收入份额的变动即反映了劳动生产率的变化，从而对经济增长产生影响（IMF，2017）。

另一方面，需求学派的理论更加重视消费对经济增长的拉动作用。从国内需求看，劳动收入份额的大小直接影响居民消费倾向，进而可以影响经济增长。但劳动收入比重与总需求的相关关系，则取决于一国需求体系为工资领导型还是利润领导型（黄乾、魏下海，2010）。在为数不多的相关研究中，黄乾和魏下海（2010）利用我国省级面板数据进行实证检验，发现我国劳动收入份额可以促进居民消费和经济增长（工资领导型）。此外，周明海等（2010c）的理论分析认为，劳动收入份额变动与经济非均衡增长密切相关，而经济增长的非均衡特征在过去中国经济增长奇迹中发挥了作用。研究劳动收入份额产生的影响对我国经济增长以及跨越"中等收入陷阱"等具有重要意义，但目前无论是从理论角度还是实证角度，文献对中国劳动收入份额变动影响经济增长这一问题的探讨明显不足，这值得成为未来研究的一个方向。

参考文献

［1］白重恩，钱震杰，武康平．中国工业部门要素分配份额决定因素研究
［J］．经济研究，2008（8）．

［2］白重恩，钱震杰．国民收入的要素分配：统计数据背后的故事［J］．
经济研究，2009（3）．

［3］白重恩，钱震杰．劳动收入份额决定因素：来自中国省际面板数据的证
据［J］．世界经济，2010（12）．

［4］白重恩，钱震杰．谁在挤占居民的收入：中国国民收入分配格局分析
［J］．中国社会科学，2009（5）．

［5］白重恩，张琼．用"已知"倒推"未知"：中国全要素生产率研究展望
［J］．新金融评论，2014（1）．

［6］白重恩，张琼．中国生产率估计及其波动分解［J］．世界经济，2015
（12）．

［7］北京师范大学经济与资源管理研究所课题组．信息技术产业对国民经济
影响程度的分析［J］．经济研究，2001（12）．

［8］陈斌开，陈琳，谭安邦．理解中国消费不足：基于文献的评述［J］．
世界经济，2014（7）．

［9］陈丽霖，廖恒．增值税转型对企业生产效率的影响：来自我国上市公司
的经验证据［J］．财经科学，2013（5）．

［10］陈烨，张欣，寇恩惠，等．增值税转型对就业负面影响的 CGE 模拟分
析［J］．经济研究，2010（9）．

［11］陈宇峰，贵斌威，陈启清．技术偏向与中国劳动收入份额的再考察

[J]．经济研究，2013（6）：113-126.

［12］戴炳源．经济全球化对我国家电行业市场结构的影响及对策［J］．中央财经大学学报，2006（7）．

［13］戴觅，余淼杰．企业出口前研发投入、出口及生产率进步：来自中国制造业企业的证据［J］．经济学（季刊），2011（4）．

［14］范从来，张中锦．提升总体劳动收入份额过程中的结构优化问题研究：基于产业与部门的视角［J］．中国工业经济，2012（1）．

［15］傅传锐．增值税转型对企业智力资本价值创造效率的影响：基于我国上市公司2007~2012年的面板双重差分估计［J］．经济管理，2015（1）．

［16］郭杰，于泽，张杰．供给侧结构性改革的理论逻辑及实施路径［M］．北京：中国社会科学出版社，2016.

［17］胡秋阳．产业分工与劳动报酬份额［J］．经济研究，2016（2）：82-96.

［18］黄先海，徐圣．中国劳动收入比重下降成因分析：基于劳动节约型技术进步的视角［J］．经济研究，2009（7）．

［19］贾珅，申广军．企业风险与劳动收入份额：来自中国工业部门的证据［J］．经济研究，2016（5）．

［20］李春顶．中国企业"出口—生产率悖论"研究综述［J］．世界经济，2015（5）．

［21］李稻葵，刘霖林，王红领．GDP中劳动份额演变的"U"形规律［J］．经济研究，2009（1）．

［22］李明，徐建炜．谁从中国工会会员身份中获益？［J］．经济研究，2014（5）．

［23］李琦．中国劳动份额再估计［J］．统计研究，2012（10）：23-29.

［24］刘培林，贾珅，张勋．后发经济体的"追赶周期"［J］．管理世界，2015（5）．

［25］刘夏明，魏英琪，李国平．收敛还是发散：中国区域经济发展争论的文献综述［J］．经济研究，2004（7）．

［26］刘晓光，张杰平．中国杠杆率悖论：兼论货币政策"稳增长"和"降杠杆"真的两难吗［J］．财贸经济，2016（8）．

［27］刘亚琳，茅锐，姚洋．结构转型、金融危机与中国劳动收入份额的变化［J］．经济学（季刊），2018，17（2）．

［28］鲁晓东，连玉君．中国工业企业全要素生产率估计：1999～2007［J］．经济学（季刊），2012（2）．

［29］陆菁，刘毅群．要素替代弹性、资本扩张与中国工业行业要素报酬份额变动［J］．世界经济，2016（3）．

［30］陆正飞，王春飞，王鹏．激进股利政策的影响因素及其经济后果［J］．金融研究，2010（6）．

［31］吕冰洋，郭庆旺．中国要素收入分配的测算［J］．经济研究，2012（10）．

［32］吕光明．中国劳动收入份额的测算研究：1993—2008［J］．统计研究，2011，28（12）：22-28．

［33］罗长远，陈琳．融资约束会导致劳动收入份额下降吗：基于世界银行提供的中国企业数据的实证研究［J］．金融研究，2012（3）．

［34］罗长远，张军．经济发展中的劳动收入占比：基于中国产业数据的实证研究［J］．中国社会科学，2009（4）．

［35］罗长远，张军．劳动收入占比下降的经济学解释：基于中国省级面板数据的分析［J］．管理世界，2009（5）．

［36］罗长远．比较优势、要素流动性与劳动收入占比：对工业部门的一个数值模拟［J］．世界经济文汇，2011（5）．

［37］聂辉华，方明月，李涛．增值税转型对企业行为和绩效的影响：以东北地区为例［J］．管理世界，2009（5）．

［38］聂辉华，江艇，杨汝岱．中国工业企业数据库的使用现状和潜在问题［J］．世界经济，2012（5）．

［39］宁光杰．市场结构与劳动收入份额：基于世界银行对中国企业调查数据的分析［J］．当代经济科学，2013（3）．

［40］潘英丽，黄益平．激辩去杠杆：如何避免债务—通缩［M］．北京：中信出版社，2016.

［41］钱震杰，朱晓东．中国的劳动份额是否真的很低：基于制造业的国际比较研究［J］．世界经济，2013（10）.

［42］邵敏，黄玖立．外资与我国劳动收入份额：基于工业行业的经验研究［J］．经济学（季刊），2010（4）.

［43］申广军，陈斌开，杨汝岱．减税能否提振中国经济：基于中国增值税改革的实证研究［J］．经济研究，2016（11）.

［44］申广军，王雅琦．市场分割与制造业企业全要素生产率［J］．南方经济，2015（4）.

［45］申广军，张川川．收入差距、社会分化与社会信任［J］．经济社会体制比较，2016（1）.

［46］申广军．"资本技能互补"与中国劳动力市场研究［D］．北京大学博士学位论文，2015.

［47］施新政，高文静，陆瑶，等．资本市场配置效率与劳动收入份额：来自股权分置改革的证据［J］．经济研究，2019（12）：21-37.

［48］孙文杰．中国劳动报酬份额的演变趋势及其原因：基于最终需求和技术效率的视角［J］．经济研究，2012（5）.

［49］托马斯?? 皮凯蒂.21世纪资本论［M］．北京：中信出版社，2014.

［50］汪德华．差异化间接税投资抵扣能改善企业投资结构吗：来自中国2009年增值税转型改革的经验证据［J］．数量经济技术经济研究，2016（11）.

［51］汪伟，郭新强，艾春荣．融资约束、劳动收入份额下降与中国低消费［J］．经济研究，2013（11）.

［52］王丹枫．产业升级、资本深化下的异质性要素分配［J］．中国工业经济，2011（8）.

［53］王晓霞，白重恩．劳动收入份额格局及其影响因素研究进展［J］．经济学动态，2014（3）：107-115.

［54］王晓霞，白重恩．劳动收入份额格局及其影响因素研究进展［J］．经

济学动态，2014（3）.

[55] 魏下海，董志强，黄玖立. 工会是否改善劳动收入份额：理论分析与来自中国民营企业的经验证据 [J]. 经济研究，2013（8）.

[56] 魏下海，董志强，刘愿. 政治关系，制度环境与劳动收入份额：基于全国民营企业调查数据的实证研究 [J]. 管理世界，2013（5）.

[57] 伍山林. 劳动收入份额决定机制：一个微观模型 [J]. 经济研究，2011（9）.

[58] 肖红叶，郝枫. 中国收入初次分配结构及其国际比较 [J] 财贸经济，2009（2）：13-21.

[59] 杨汝岱. 中国制造业企业全要素生产率研究 [J]. 经济研究，2015（2）.

[60] 姚洋，钟宁桦. 工会是否提高了工人的福利 [J]. 世界经济文汇，2008（5）.

[61] 姚洋. 发展经济学 [M]. 北京：北京大学出版社，2013.

[62] 易纲，樊纲，李岩. 关于中国经济增长与全要素生产率的理论思考 [J]. 经济研究，2003（8）.

[63] 余玲铮，魏下海. 我国劳动收入份额为何持续下降：基于金融发展的视角 [J]. 产经评论，2013（4）.

[64] 余淼杰，梁中华. 贸易自由化与中国劳动收入份额：基于制造业贸易企业数据的实证分析 [J]. 管理世界，2014（7）.

[65] 张车伟，赵文. 我国劳动报酬份额问题：基于雇员经济与自雇经济的测算与分析 [J]. 中国社会科学，2015（12）：90-112.

[66] 张车伟，赵文. 中国工资水平变化与增长问题：工资应该上涨吗？[J]. 中国经济问题，2015（3）：3-14.

[67] 张红历，周勤，王成璋. 信息技术、网络效应与区域经济增长：基于空间视角的实证分析 [J]. 中国软科学，2010（10）.

[68] 张莉，李捷瑜，徐现祥. 国际贸易、偏向型技术进步与要素收入分配 [J]. 经济学（季刊），2012（2）.

［69］周广肃，樊纲，申广军. 收入差距、社会资本与健康水平：基于中国家庭追踪调查（CFPS）的实证分析［J］. 管理世界，2014（7）.

［70］周明海，肖文，姚先国. 企业异质性、所有制结构与劳动收入份额［J］. 管理世界，2010（10）.

［71］周明海. 中国劳动收入份额变动分解和机理研究［J］. 劳动经济研究，2014（3）：77-99.

［72］Acemoglu D. , Labor and Capital Augmenting Technical Change ［J］. Journal of the European Economic Association, 2003（1）.

［73］Aker J. , Mbiti I. Mobile Phones and Economic Development in Africa ［J］. Journal of Economic Perspectives, 2010（24）.

［74］Alesina A. , Perotti R. Income Distribution, Political Instability, and Investment ［J］. European Economic Review, 1996, 40（6）.

［75］Anenberg E. , Kung E. Information Technology and Product Variety in the City: the Case of Food Trucks ［J］. Journal of Urban Economics, 2015（90）.

［76］Autor D. , Katz L. , Krueger A. Computing Inequality: Have Computers Changed the Labor Market ［J］. Quarterly Journal of Economics, 1998（4）.

［77］Bai, C. , Hsieh C. , Qian Y. The Returns to Capital in China ［J］. Brookings Papers on Economic Activity, 2010, 74（2）.

［78］Barro R. Inequality, Growth, and Investment ［J］. Journal of Economic Growth 1999, 5（35）.

［79］Berger T. , Frey B. Did the Computer Revolution Shift the Fortunes of U. S. Cities? Technology Shocks and the Geography of New Jobs ［J］. Regional Science and Urban Economics, 2015（3）.

［80］Berman E. , Bound J. , Griliches Z. Changes in the Demand for Skilled Labor within US Manufacturing: Evidence from the Annual Survey of Manufactures ［J］. Quarterly Journal of Economics, 1994, 109（2）.

［81］Blanchard O. , Giavazzi F. Macroeconomic Effects of Regulation and Deregulation in Goods and Labor Markets ［J］. Quarterly Journal of Economics, 2003, 118

(3).

[82] Blanchard O. The Medium Run [J]. Brookings Papers on Economic Activity, 1997, 28 (2).

[83] Brandt L., Biesebroeck J., Zhang Y. Creative Accounting or Creative Destruction? Firm-level Productivity Growth in Chinese Manufacturing [J]. Journal of Development Economics, 2009, 97 (2).

[84] Bresnahan T. Computerisation and Wage Dispersion: An Analytical Reinterpretation [J]. The Economic Journal, 1999, (456).

[85] Cai H., Liu Q. Competition and Corporate Tax Avoidance: Evidence from Chinese Industrial Firms [J]. Economic Journal, 2009 (119).

[86] Cai J., Harrison A. The Value-added Tax Reform Puzzle [R]. NBER Working Paper, No. w217532, 2011.

[87] Chen Y., He Z., Zhang L. The Effect of Investment Tax Incentives: Evidence from China's Value-Added Tax Reform [J]. International Tax & Public Finance, forthcoming, 2017.

[88] Corrado C., Lengermann P., Bartelsman E. et al. Sectoral Productivity in the United States: Recent Developments and the Role of IT [J]. German Economic Review, 2008 (2).

[89] De Loecker J., Warzynski F. Markups and Firm-Level Export Status [J]. American Economic Review, 2012, 102 (6).

[90] Diwan I. Debt as Sweat: Labor, Financial Crises, and the Globalization of Capital [EB/OL]. www. info. worldbank. org/etools/docs/voddocs/150/332/diwan. pdf, 2001.

[91] Droucopoulos V., Lianos T. P. Labor's Share and Market Power: Evidence from the Greek Manufacturing Industries [J]. Journal of Post Keynesian Economics, 1992, 15 (2).

[92] Ehrenberg R. G., Smith R. S. Modern Labor Economics: Theory and Public Policy (10th edition) [M]. New York: Pearson Education, 2009.

［93］ Epstein G. , Financialization and the World Economy ［M］ . Cheltenham: Edward Elgar, 2005.

［94］ Erturk I. , Froud J. , Johal S. , Leaver A. , Williams K. Financialization at Work, Key Texts and Commentary ［M］ . London: Routledge, 2008.

［95］ Feenstra R. , Z. Li, M. Yu. Exports and Credit Constraints under Incomplete Information: Theory and Evidence from China ［J］ . Review of Economics and Statistics, 2014, 96 (4) .

［96］ Fichtenbaum R. Do Unions Affect Labor's Share of Income: Evidence Using Panel Data ［J］ . American Journal of Economics & Sociology, 2011, 70 (3) .

［97］ Fichtenbaum R. The Impact of Unions on Labor's Share of Income: A Time-Series Analysis ［J］ . Review of Political Economy, 2009, 21 (4) .

［98］ Franck T. Huyghebaert N. On the Interactions between Capital Structure and Product Markets: A Survey of the Literature ［J］ . Review of Business & Economics, 2004 (4) .

［99］ Giovannoni O. What do we know about the labor share and the profit share ［N］ . UTIP Working Paper, No. 66, 2015.

［100］ Gollin D. Getting Income Shares Right ［J］ . Journal of Political Economy, 2002 (2) : 458-475.

［101］ Guscina A. Effects of Globalization on Labor's Share in National Income ［R］ . IMF Working Paper, No. 294, 2006.

［102］ Harris M. , Raviv A. The Theory of Capital Structure ［J］ . Journal of Finance, 1991, 46 (1) .

［103］ Harrison A. E. Has Globalization Eroded Labor's Share? Some Cross-Country Evidence ［J］ . MPRA Paper, No. 39649, 2005.

［104］ Holmström B. , Milgrom P. Aggregation and Linearity in the Provision of Intertemporal Incentives ［J］ . Econometrica, 1987, 55 (2) .

［105］ Jorgenson D. , Stiroh K. , Gordon R. et al. Raising the Speed Limit: U. S. Economic Growth in the Information Age ［J］ . Brookings Papers on Economic

Activity, 2000 (1) .

[106] Kaldor N. Capital Accumulation and Economic Growth [A] . Lutz F. A. , Hague D. C. The Theory of Capital [M] . Macmillan: St. Martins Press, 1961.

[107] Kalecki M. Theory of Economic Dynamics [M] . London: Allen & Unwin, 1954.

[108] Karabarbounis, L. , Neiman B. The Global Decline of the Labor Share [J] . Quarterly Journal of Economics, 2014, 129 (1) .

[109] Kini O. , Shenoy J. , Subramaniam V. Impact of Financial Leverage on the Incidence and Severity of Product Failures: Evidence from Product Recalls [J] . Review of Financial Studies, 2017, 30 (5) .

[110] Kravis B. Relative Income Shares in Fact and Theory [J] . The American Economic Review, 1959 (49): 917-949.

[111] Kruege A. Are Preferential Trading Arrangements Trade – Liberalizing or Protectionist? [J] . Journal of Economic Perspectives, 1999, 13 (4) : 105-124.

[112] Levine R. Financial Development and Economic Growth: Views and Agenda [J] . Journal of Economic Literature, 1997, 35 (2) .

[113] Levinsohn J. , Petrin A. Estimating Production Functions Using Inputs to Control for Unobservables [J] . Review of Economic Studies, 2003, 70 (2) .

[114] Levy F. , Murnane J. The New Division of Labor: How Computers Are Creating the Next Job Market [M] . Princeton: Princeton University Press, 2004.

[115] Lin S. China's Value – Added Tax Reform, Capital Accumulation, and Welfare Implications [J] . China Economic Review, 2008, 19 (2) .

[116] Liu Q. , Lu Y. Firm Investment and Exporting: Evidence from China's Value-Added Tax Reform [J] . Journal of International Economics, 2015 (97) .

[117] Lu D. Exceptional Exporter Performance? Evidence from Chinese Manufacturing Firms [D] . Job Market Paper, Chicago University, 2010.

[118] Lu Y. , Yu L. Trade Liberalization and Markup Dispersion: Evidence from China's WTO Accession [J] . American Economic Journal: Applied Economics,

2015, 7 (4) .

［119］Matsa, D. A. Capital Structure as a Strategic Variable: Evidence from Collective Bargaining ［J］. Journal of Finance, 2010, 65 (3) .

［120］Matsa, D. A. Running on Empty? Financial Leverage and Product Quality in the Supermarket Industry ［J］. American Economic Journal: Microeconomics, 2011, 3 (1) .

［121］Oi W. Y. , Idson T. L. Firm Size and Wages // D. Card and O. Ashenfelter (ed.), Handbook of Labor Economics ［J］. Elsevier, 1999, 3 (B) .

［122］Olley G. , Pakes A. The Dynamics of Productivity in the Telecommunications Equipment Industry ［J］. Econometrica, 1996, 64 (6) .

［123］Palley T. Financialization: What It Is and Why It Matters ［R］. The Levy Economics Institute Working Paper, No. 525, 2007.

［124］Paunov C. , Rollo V. Overcoming Obstacles: The Internet's Contribution to Firm Development ［J］. World Bank Economic Review, 2015 (29) .

［125］Pavcnik N. Trade Liberalization, Exit, and Productivity Improvements: Evidence from Chilean Plants ［J］. Review of Economic Studies, 2002, 69 (1) .

［126］Phillips G. M. , Sertsios G. How do Firm Financial Conditions Affect Product Quality and Pricing? ［J］. Management Science, 2013, 59 (8) .

［127］Rodrik D. Capital Mobility and Labor ［R］. Harvard University Working Paper, 1998.

［128］Shen G. Computer and Information Technology, Firm Growth, and Industrial Restructuring: Evidence from Chinese Manufacturing ［J］. Asian Development Review, forthcoming, 2014 (1) .

［129］Solow R M. A Skeptical Note on the Constancy of Relative Shares ［J］. American Economic Reriew , 1958, 48 (4), 618-631.

［130］Song Z. , Storesletten K. , Zilibotti F. Growing like China ［J］. American Economic Review, 2011, 101 (1) .

［131］Stockhammer E. Financialization and the Slowdown of Accumulation

[J] . Cambridge Journal of Economics, 2004, 28 (5) .

[132] Stockhammer, E. Why Have Wage Shares Fallen? A Panel Analysis of the Determinants of Functional Income Distribution [N] . ILO Working Papers, No. 470913, 2013.

[133] Yao Y. , Zhong N. Unions and Workers' Welfare in Chinese Firms [J] . Journal of Labor Economics, 2013, 31 (3) .

[134] Young A. Labor's Share Fluctuations, Biased Technical Change, and the Business Cycle [J] . Review of Economic Dynamics, 2004, 7 (4) .

[135] Young B. Damage-mitigating Control of Power Systems for Structural Durability and High Performance [J] . Joual of International Economies, 1995, 64 (1) : 29-63.

[136] Zingales L. Do Investment-cash Flow Sensitivities Provide Useful Measures of Financing Constraints? [J] . Quarterly Journal of Economics, 1997, 112 (1) .